A LÓGICA DAS CIÊNCIAS MORAIS

A LÓGICA
DAS CIÊNCIAS
MORAIS

Tradução e introdução
ALEXANDRE BRAGA MASSELLA

John Stuart Mill

ILUMI//URAS

Título original
A system of logic ratiocinative and inductive

Copyright © 1999 desta edição e tradução
Editora Iluminuras Ltda.

Capa
Eder Cardoso / Iluminuras
sobre ilustração, entre 1872 e 1873, extraída de *Popular Science Monthly Vol. III.*

Revisão
Rose Zuanetti

CIP-BRASIL. CATALOGAÇÃO-NA-FONTE
SINDICATO NACIONAL DOS EDITORES DE LIVROS, RJ

M589L

    Mill, John Stuart, 1806-1873
       O utilitarismo / John Stuart Mill ; tradução Alexandre Braga Massella. - [2. edição] - São Paulo : Iluminuras, 2020.
    186 p. ; 21 cm.

    Tradução de: A system of logic ratiocinative and inductive
    ISBN 978-6-555-19030-4

    1. Lógica. 2. Ciência - Metodologia. 3. Teoria do conhecimento. I. Massella, Alexandre Braga. II. Título.

20-64842   CDD: 160
                    CDU: 16

2024
ILUMI//URAS
desde 1987

    Rua Salvador Corrêa, 119 - 04109-070 - São Paulo/SP - Brasil
    Tel./ Fax: 55 11 3031-6161
    iluminuras@iluminuras.com.br
    www.iluminuras.com.br

SUMÁRIO

INTRODUÇÃO
Alexandre Braga Massella, 9

NOTA SOBRE A TRADUÇÃO, 25

A LÓGICA DAS CIÊNCIAS MORAIS

CAPÍTULO I
OBSERVAÇÕES INTRODUTÓRIAS, 31

CAPÍTULO II
LIBERDADE E NECESSIDADE, 35

CAPÍTULO III
QUE HÁ OU PODE HAVER UMA CIÊNCIA DA NATUREZA HUMANA, 45

CAPÍTULO IV
DAS LEIS DA MENTE, 51

CAPÍTULO V
DA ETOLOGIA, OU CIÊNCIA DA FORMAÇÃO DO CARÁTER, 65

CAPÍTULO VI

    CONSIDERAÇÕES GERAIS SOBRE A CIÊNCIA SOCIAL, 83

CAPÍTULO VII

    DO MÉTODO QUÍMICO OU EXPERIMENTAL NA CIÊNCIA SOCIAL, 89

CAPÍTULO VIII

    DO MÉTODO GEOMÉTRICO OU ABSTRATO, 99

CAPÍTULO IX

    DO MÉTODO DEDUTIVO CONCRETO OU FÍSICO, 109

CAPÍTULO X

    DO MÉTODO DEDUTIVO INVERSO OU HISTÓRICO, 129

CAPÍTULO XI

    ELUCIDAÇÕES ADICIONAIS A RESPEITO DA CIÊNCIA DA HISTÓRIA, 153

CAPÍTULO XII

    DA LÓGICA DA PRÁTICA OU ARTE, COMPREENDENDO A MORALIDADE E A HABILIDADE POLÍTICA, 169

CRONOLOGIA, 183

INTRODUÇÃO

Alexandre Braga Massella

É comum inserir o pensamento filosófico de John Stuart Mill na corrente do empirismo inglês, apresentando-o como parte dessa tradição que tem sua fonte, principalmente, em Locke, Berkeley e Hume. Convém, entretanto, precisar a natureza e, sobretudo, o alcance pretendido pelo empirismo proposto por Stuart Mill. Seu Sistema de lógica,[1] *publicado em 1843, do qual a* Lógica das ciências morais *constitui o sexto e último livro, já foi descrito como uma "elaborada tentativa de defender o empirismo epistemológico em seu ponto mais vulnerável".*[2] *Este empirismo epistemológico poderia ser definido como a doutrina segundo a qual a experiência é o único tipo de evidência legítima. A natureza epistemológica da doutrina nos adverte de que o que está em jogo não são as causas ou a gênese dos atos cognitivos, mas o tipo de evidência que, uma vez alcançada, nos permite afirmar que obtemos conhecimento e não uma mera crença. Note-se que rejeitar o empirismo epistemológico não implica negar que a experiência seja irrelevante para o conhecimento, mas retirar-lhe o peso epistemológico e sustentar que há um conhecimento intuitivo e verdades que são autoevidentes. É justamente contra esta última possibilidade que se volta a argumentação desenvolvida no* Sistema de lógica. *Há no livro uma intenção polêmica dirigida àqueles que Mill designa, um tanto genericamente, de intuicionistas, isto é, àqueles que sustentam que o teste de verdade de uma proposição consiste em mostrar que ela é autoevidente ou que seu contrário é inconcebível. O ponto vulnerável*

---

[1] O título completo diz: *Sistema de lógica dedutiva e indutiva:* Exposição dos princípios da prova e dos métodos de investigação científica.
[2] Jackson, R. *An Examination of the Deductive Logic of John Stuart Mill.* Londres: Oxford University Press, 1941.

ao qual Mill pretende estender seu empirismo epistemológico diz respeito principalmente à matemática. Não é difícil entender as dificuldades que este campo oferece para a posição de Mill. Considere, por exemplo, a proposição 30 do primeiro livro dos Elementos *de Euclides: "Linha retas paralelas a uma mesma linha reta são também paralelas entre si". Parece difícil sustentar que isto é evidenciado pela experiência, ainda que a questão jamais pudesse ter sido levantada se não tivéssemos antes traçado ou visto um tal arranjo de retas. Mas esta experiência pode ter sua qualidade de evidência desafiada de duas maneiras: 1) Temos a experiência de alguns destes arranjos de retas apenas e, entretanto, estamos convictos a respeito de todos os arranjos deste tipo; 2) As retas que vemos ou traçamos não são perfeitamente retas. Assim, a experiência não garante sequer a afirmação de que tais e tais retas são paralelas entre si. Uma tentativa de enfrentar tais dificuldades pode ser encontrada no Capítulo 5 ("Da demonstração e das verdades necessárias") do Livro II do* Sistema de lógica. *A peculiar certeza atribuída às verdades da matemática seria uma "ilusão", e "psicologicamente incorreta" a tese segundo a qual esta certeza seria explicada pelo fato de que os "pontos, linhas, círculos e quadrados que constituem o objeto da geometria existem em nossas concepções apenas e são parte de nossas mentes". Note-se que, nesta passagem, Mill recorre a razões de ordem psicológica, isto é, ao fato de que os pontos, linhas e círculos são apenas cópias dos pontos, linhas e círculos que conhecemos em nossa experiência, para rebater a tese epistemológica segundo a qual a evidência da geometria é puramente mental ou independente da experiência. Para Mill, a suposta certeza que caracterizaria as conclusões da geometria está apenas na relação dedutiva que mantêm com as premissas das quais são derivadas. As premissas mesmas "estão tão longe de serem necessárias que nem mesmo são verdadeiras". Entretanto, elas não são questionadas e são tomadas, hipoteticamente, como exatamente verdadeiras pois, para os propósitos da investigação geométrica, nenhum erro apreciável será cometido quando assim procedermos.*

A importância que o próprio Mill conferia às tentativas de avançar assim o empirismo epistemológico sobre questões que desafiam ao máximo esta posição, e que levam nosso autor, numa atitude passível de crítica, a recorrer a razões de ordem psicológica em uma discussão de natureza estritamente epistemológica, encerra preocupações que não são puramente filosóficas. Em sua autobiografia Mill esclarece assim as várias dimensões que cercariam a questão: *"A noção de que as verdades externas à mente humana podem ser conhecidas por intuição ou introspecção, independente da observação e da experiência, é, nestes tempos, e disto estou persuadido, o grande apoio intelectual de falsas doutrinas e instituições perniciosas. Com a ajuda desta teoria, toda crença inveterada e todo sentimento intenso cuja origem não é lembrada está dispensada da obrigação de justificar-se pela razão, sendo estabelecida como completa garantia e justificação de si mesma. Jamais inventou-se um tal instrumento para consagrar todos os preconceitos profundamente arraigados. A principal força que esta falsa filosofia possui em moral, política e religião apoia-se no apelo que ela está acostumada a fazer à evidência da matemática e dos ramos da ciência física que estão relacionados com esta. Expulsá-la destas ciências é expeli-la de sua fortaleza (...). Na tentativa de elucidar a natureza real da evidência das verdades matemáticas e físicas, o* Sistema de lógica *enfrentou os filósofos intuicionistas no terreno mesmo em que eles se consideravam invencíveis".*[3]

De fato, Mill foi um dos porta-vozes dos chamados filósofos radicais, grupo cujos objetivos políticos centravam-se na luta por um governo representativo baseado no sufrágio universal e pela liberdade de discussão pública. Este grupo, organizado em torno da Westminster Review, *para a qual Mill colaborou de 1823, data de fundação da revista, até 1828, procurou, sob a liderança intelectual do pai de Mill, James Mill, combinar ideias derivadas da ética utilitarista de Bentham e da economia política de Ricardo e Malthus.*

Entretanto, a passagem citada acima não deixa de ser embaraçosa. Como diz um autor como J. Skorupski, "é certo que a natureza supostamente a priori *da matemática foi usada na história da filosofia como um modelo para concepções aprioristicas do conhecimento moral. Mas por que a doutrina de que a ética contém princípios* a priori *fortalece o conservadorismo? Os radicais também podem extrair conclusões partindo do que eles consideram ser fundamentos* a priori. *A questão de saber se a ética possui fundamentos* a priori *diz respeito ao estatuto*

---

[3] Mill, J. S. "Autobiography". In: *The Collected Works of John Stuart Mill*, v. I. Londres/Toronto: Routledge/University of Toronto Press, 1980, p. 233.

dos princípios morais, enquanto a questão em jogo entre conservadores e radicais — se é que concerne a uma disputa moral — diz respeito ao conteúdo destes princípios".[4] *Convém, entretanto, como esclarece este mesmo autor, levar em conta que se diz apenas "nestes tempos", isto é, na opinião de Mill a estratégia filosófica de fundamentação apriorística estava sendo usada, no contexto de seu tempo, pelos conservadores para legitimar práticas e instituições existentes.*

Mas se Mill revela este interesse pelos possíveis vínculos entre suas investigações lógicas e filosóficas e sua campanha contra o conservadorismo político, é preciso lembrar que a argumentação desenvolvida no Sistema de lógica *é toda ela voltada para questões que dizem respeito à base lógica do conhecimento.*

A "Lógica das ciências morais" representa uma posição clássica dentre as várias tentativas de fundamentar o estudo dos fenômenos sociais como ciência. De acordo com esta posição, não haveria, a rigor, uma lógica própria às ciências sociais, mas, descontadas algumas diferenças quanto ao grau de complexidade dos seus fenômenos, continuidade entre os princípios metodológicos adotados por elas e aqueles que prevalecem nas ciências naturais. De fato, para Mill, as ciências sociais seriam parte das ciências naturais, suas possibilidades enquanto ciência sendo garantidas, como a de qualquer outra ciência, pela existência de padrões regulares de manifestação dos fenômenos que estuda. Os fenômenos da ação humana apresentariam tais regularidades e constituiriam, assim, um objeto de estudo passível de investigação científica. Simplificando, poderíamos dizer que para Mill as regularidades, no caso da ação humana, envolvem, de um lado, as circunstâncias externas e os motivos, estes entendidos como ocorrências mentais e, de outro lado, as ações específicas que daí resultam. Estamos, pois, distantes da estratégia de fundamentação das ciências sociais que insiste na diferença essencial entre os fenômenos da ação humana e os da matéria inerte, atribuindo àqueles uma dimensão de "significatividade" emprestada pelos próprios agentes estudados, cujo conhecimento imporia, ao cientista social, problemas lógicos de natureza distinta daqueles enfrentados pelo cientista natural. Mas mesmo o leitor simpático a esta última estratégia

---

[4] Skorupski, J. *John Stuart Mill*. Londres: Routledge, 1991, p. 31.

poderá encontrar em Mill a formulação clara de uma posição oposta contra a qual poderá, de maneira crítica, afirmar a sua própria. Aliás, não foi outra a escolha de um autor como Peter Winch que, ao enfatizar justamente aquela diversidade lógica, elege Mill como seu interlocutor, justificando que este "assume uma posição despida de todo artificialismo, na qual se fundam os pronunciamentos de grande parte dos cientistas sociais contemporâneos".[5] *Esta pretensa diversidade lógica, se não chegou a ser satisfatoriamente estabelecida, pode nos ajudar a avaliar melhor o lugar das reflexões metodológicas de Mill. Segundo Winch, a investigação das regularidades, do retorno das mesmas ocorrências nas mesmas ocasiões, pressupõe julgamentos de identidade. Ora, se é verdade que o cientista social está na mesma posição lógica que o cientista natural, então "os conceitos e critérios, de acordo com os quais julga que, em duas situações, a mesma coisa aconteceu, ou a mesma ação foi feita, devem ser compreendidos* em relação às regras que governam a investigação sociológica. *Mas surge logo uma dificuldade; pois, enquanto no caso do cientista natural temos que lidar somente com um conjunto de regras, mais exatamente, aquelas que governam a própria investigação do cientista, aqui,* aquilo que o sociólogo esta estudando, *assim como o estudo que ele faz, são certas atividades humanas e, em consequência, conduzidas de acordo com regras. E são tais regras, e não as que governam a investigação do sociólogo, que especificam o que se deve considerar como 'fazendo a mesma espécie de coisa' em relação com a espécie de atividade que esteja sendo estudada".*[6] *Na visão de Winch, "as relações sociais existem apenas nas e por meio das ideias correntes em uma sociedade". Desta forma, prossegue, "as relações sociais caem na mesma categoria lógica que as relações entre ideias".*[7] *A causalidade deixa de ser uma noção apropriada para entender ações humanas em sociedade, já que estas seriam constituídas e não causadas pelas regras ou normas que lhe atribuem significado. Mas, se é certo que uma ação só se torna inteligível por referência às regras aplicadas pelos próprios agentes, temos nisto tudo*

---

[5] Cf. Winch, P. *A ideia de uma ciência social*, São Paulo: Companhia Editora Nacional, 1970, cap. III.
[6] Ibid., p. 86 (itálicos no original).
[7] Ibid., p. 124.

apenas um momento da investigação sociológica, de fato seu ponto de partida. Poderíamos prosseguir indagando, por exemplo, se as razões dadas pelos agentes são efetivamente as que explicam sua ação, ou examinar se um determinado comportamento seu está correlacionado com variáveis como situação econômica, confissão religiosa, estado civil etc. Assim, parece mais razoável considerar que as reflexões de Mill são pertinentes justamente quando tais questões de natureza empírica (e que, portanto, não poderiam ser reduzidas a relações entre ideias) são levantadas e quando o investigador se propõe a enfrentá-las com método, especialmente na questão relativa ao teste de tais correlações.

Um obstáculo à constituição das ciências morais que Mill levou a sério e que procurou enfrentar logo no início deste Livro VI diz respeito à possível incompatibilidade entre o ponto de vista determinista acerca da ação humana e nossas ideias sobre escolha e livre arbítrio. Qualquer que seja o mérito dos argumentos desenvolvidos para conciliar estas duas perspectivas, não é difícil perceber a importância que a questão revestia para Mill. Afinal, se o determinismo elimina o livre arbítrio, o conhecimento científico deixaria de ser uma orientação para a ação pelo mero fato de que não poderíamos então escolher entre cursos alternativos de ação. Por outro lado, se o livre arbítrio elimina o determinismo, nenhuma política de intervenção na sociedade poderia tirar proveito das regularidades fornecidas pela ciência, já que a própria possibilidade de um estudo científico estaria assim afastada.

Mas, garantida a possibilidade deste estudo científico da ação humana, Mill não hesita em afirmar que o estágio alcançado pelas "ciências morais" representa uma "mancha na face da ciência". Não tanto pela ausência de qualquer método que orientasse suas investigações, mas por uma escolha errônea do método mais apropriado aos seus fenômenos. De fato, boa parte do Livro VI do Sistema de lógica *opera com as alternativas metodológicas oferecidas a qualquer ciência, analisadas nos Livros II e III e cuja eleição correta parece a Mill decisiva para os rumos da Ciência Social.*

Nesta análise, a metodologia de qualquer ciência, a Lógica da Prova, na expressão de Mill, é, em última análise, de natureza indutiva e a explicação científica dos fenômenos que exibem sucessão é de natureza causal. Podemos resumir da seguinte forma, ainda que um tanto grosseira, a relação entre esta exigência de uma evidência indutiva e a questão da causalidade. Para Mill, o conhecimento inferencial, isto é, aquele que parte de certos fatos observados e chega a outros que lhes são distintos mas deles se seguem, é indutivo, o que quer dizer que a evidência está toda ela contida na coleção dos objetos particulares observados. Se digo que "fulano é mortal", a evidência para esta proposição está toda ela contida na observação de criaturas semelhantes que exibiram a mesma propriedade. A implicação é clara: ao condensarmos estas observações numa máxima geral do tipo "Todo homem é mortal", não estamos acrescentando novas evidências, mas afirmando a suficiência das evidências que garantem uma inferência para novos casos. No entender de Mill, não inferimos a partir de uma máxima geral, mas de acordo com as instruções inscritas nela, o que acaba por retirar ao raciocínio dedutivo (silogístico, para Mill) qualquer característica inferencial. Todo o processo inferencial estaria encerrado quando chegamos a uma máxima universal, restando apenas, a partir daí, "decifrar" a máxima para aplicá-la a novos casos. Mas é preciso notar que é fundamental, do ponto de vista da Lógica da Prova, a generalização: ao ampliarmos a extensão de uma inferência, estaremos aumentando o número das possíveis circunstâncias falseadoras e, portanto, submetendo-as a um teste mais rigoroso. A questão da causalidade emerge quando se trata, justamente, de analisar em que condições uma coleção de casos particulares observados nos autoriza a inferir o mesmo para novos casos. Entramos aqui no âmbito da Lógica da Prova e da justificação da Indução proposta por Mill. A noção de indução implicaria, segundo Mill, uma suposição sobre o "curso da natureza" e a ordem do universo, a saber, a de que "aquilo que ocorre uma vez irá, sob um grau suficiente de similaridade de circunstâncias, acontecer novamente, e tantas vezes quanto as mesmas circunstâncias tornarem a suceder".[8] *Entretanto, esta proposição a respeito da uniformidade da natureza não possui a precisão exigida pela linguagem filosófica pois, a rigor, o curso da natureza não seria apenas uniforme mas também "infinitamente variado".*[9] *Além de fenômenos que sempre ocorrem sob as mesmas circunstâncias, há na natureza fenômenos cujas regularidades são inesperadamente contrariadas e fenômenos que parecem "caprichosos".*

[8] *Sistema de lógica.* Londres: Longmans, Green & Co., 1961, p. 201.
[9] Ibid., p. 203.

Assim, não nos sentimos autorizados a esperar constância em relação a todos e quaisquer fenômenos: ninguém esperaria, por exemplo, "ter os mesmos sonhos repetidos todas as noites".[10] *Não estamos portanto autorizados a inferir uma conclusão geral sempre que a experiência nos fornece alguma uniformidade, apesar de termos esta propensão. Da mesma forma, não depositamos a mesma confiança em todas as generalizações obtidas a partir de induções por enumeração simples:*[11] *não recusaríamos, por exemplo, o testemunho de que há cisnes negros, mas não acreditaríamos em alguém que afirmasse a existência de homens com a cabeça abaixo dos ombros, pois há "menos constância na cor dos animais do que na estrutura geral de sua anatomia".*[12] *A questão da lógica indutiva, tal como Mill a entende, parte justamente do reconhecimento dos vários graus que a uniformidade da natureza pode apresentar: "por que uma única instância, em alguns casos, é suficiente para uma indução completa, enquanto em outros miríades de instâncias concorrentes, sem uma única exceção conhecida ou presumida, caminham tão pouco para o estabelecimento de uma proposição universal?".*[13]

Mill acredita que a resposta para esta questão pode ser encontrada num procedimento adotado pelo senso comum: o de corrigir uma generalização mais restrita por uma mais ampla. A maior ou menor confiabilidade das generalizações, a confiança que por vezes depositamos em uma única instância para a inferência de uma conclusão geral, dependeria de um conhecimento prévio que permite subsumir as uniformidades observadas a uniformidades que foram consideradas mais constantes. Esse conhecimento prévio seria fornecido pela própria experiência: "a experiência atesta que, entre as uniformidades que exibe ou parece exibir, algumas são mais confiáveis que outras; e a uniformidade, portanto, pode ser presumida a partir de um número dado de instâncias com um grau de segurança tanto maior quanto os

---

[10] Ibid., p. 203.
[11] Indução por enumeração simples, Mill a define como "atribuir o caráter de verdade geral a todas as proposições que são verdadeiras em cada instância que nos ocorreu conhecer". (*Sistema de lógica*, op. cit., p. 204).
[12] Ibid., p. 209.
[13] Ibid., p. 206.

fatos pertençam a uma classe em que as uniformidades foram até então consideradas mais uniformes".[14]

Este procedimento pelo qual induções mais fracas são conectadas a induções mais fortes constitui a própria Lógica da Prova. Sua estratégia consiste em tentar mostrar, com respeito a qualquer inferência indutiva, que ou esta é verdadeira ou uma indução mais forte deve admitir exceção. Caso isso possa ser feito, aquela indução mais fraca adquire toda a força contida nesta mais forte.

Uma teoria científica da indução deve procurar conferir precisão a este procedimento adotado pelo senso comum. O primeiro passo dessa estratégia consiste em investigar se há uma indução mais forte à qual podemos submeter as outras induções. Mill acredita que a lei da causalidade, entendida apenas como invariabilidade de sucessão entre fenômenos, cumpre este papel. As regularidades de sucessão estarão assim provadas se pudermos afirmar que ou elas são verdadeiras ou a lei de causalidade é falsa, ou ainda, se pudermos afirmar, para uma relação regular de sucessão entre um fenômeno A e um fenômeno B, que ou o fenômeno A é causa de B ou B não tem causa, o que nos obrigaria a abrir mão de uma indução mais forte, a lei da causalidade.

Mas se toda ciência é indutiva e se suas explicações, como exige a Lógica da Prova para os fenômenos que apresentam padrões regulares de sucessão, são causais, isto não esgota o quadro das alternativas metodológicas delineadas por Mill.

A oposição chave, que orienta o Livro VI e dentro da qual Mill busca, para as ciências sociais, uma solução intermediária nem sempre muito clara, é entre ciências experimentais e ciências dedutivas, esboçada no Livro II com reiteradas advertências para que não se interprete esta distinção como um recuo ou mesmo uma inconsistência em relação à análise anterior que pretendeu estabelecer a natureza indutiva de toda ciência. A distinção diz respeito à possibilidade de conectarmos várias induções. Assim, "uma ciência é experimental na medida em que todo novo caso que apresenta quaisquer características peculiares necessita de um novo conjunto de observações e experimentos — uma nova indução. É dedutiva na

---

[14] Ibid., p. 209.

medida em que pode extrair conclusões a respeito de casos de uma nova espécie por meio de processos que remetem estes casos a velhas induções".[15] As ciências dedutivas exibiriam cadeias de raciocínios silogísticos por meio dos quais estendemos uma indução a casos em que não se pode observar diretamente a semelhança com os casos que constituíram aquela indução. Assim, num dos exemplos de Mill, são necessárias várias induções para provar a premissa menor que formará um argumento ao lado da premissa maior "Nenhum governo que busca honestamente o bem dos seus súditos será provavelmente derrubado". Serão necessárias várias induções para estabelecer que um governo particular em consideração busca o bem de seus súditos, pois não é possível observar diretamente os sentimentos e desejos das pessoas que lideram um governo. Será necessária, por exemplo, uma indução que estabeleça que "todo governo que age de uma certa maneira deseja o bem de seus súditos" e, caso o governo em questão aja desta forma ele desejará portanto o bem de seus súditos e poderá, assim, ser incluído na primeira indução. Outras induções poderão ainda ser necessárias para estabelecer em que condições um governo age desta maneira.

Mas a distinção, tal como surge no Livro II, precisa ser complementada e é de fato enriquecida com certas noções relativas à causalidade desenvolvidas no Livro III. De fato, conforme lemos na Autobiografia, Mill parece acreditar ter atingido plena clareza a respeito destas questões apenas após adentrar a análise da Indução no Livro III: "Ao tentar encontrar o modo de identificar as causas e os efeitos na ciência física, logo me dei conta de que, na mais perfeita das ciências, o que fazemos é ascender, mediante a generalização de casos particulares, às tendências das causas consideradas isoladamente; e que, depois, raciocinamos descendo destas tendências separadas até chegar aos efeitos destas mesmas causas quando estão combinadas. Perguntei-me então qual era a análise última deste processo dedutivo, já que, evidentemente, a teoria comum do silogismo não lançava nenhuma luz sobre o assunto (...). Ocorreu-me que a Composição de Forças, dentro da Dinâmica, era o exemplo mais completo do processo lógico que eu estava investigando.

[15] Ibid., p. 114.

De acordo com isto, ao examinar o que faz a mente quando aplica o princípio da Composição de Forças, descobri que se limita a realizar um ato de adição. Acrescenta o efeito separado de uma força ao efeito separado de outra e põe como efeito resultante a soma destes efeitos separados".[16] *Surge a partir daí um novo aspecto da distinção entre ciência dedutiva e ciência experimental: "uma ciência é dedutiva ou experimental conforme, na área a que se refere, a união dos efeitos das causas seja ou não a soma dos efeitos que essas mesmas causas produzem quando estão separadas".*[17] *Desta perspectiva, a questão toda gira em torno dos modos pelos quais as causas podem concorrer para a produção de seus efeitos. Trata-se de uma distinção "radical e de muita importância", apresentada no capítulo 6 do Livro III. Num dos modos de ação conjunta de causas, exemplificado na Dinâmica, as leis que expressam o efeito de cada causa agindo em separado se mantêm quando as causas agem conjuntamente na produção de um certo efeito. Assim, caso saibamos qual será o efeito de cada causa quando esta atua isoladamente, poderemos chegar dedutivamente a uma predição correta de qual será o efeito que surgirá da ação combinada destas causas. Mas há também um outro modo, exemplificado pela combinação química, no qual a ação conjunta das causas altera as leis apresentadas pelas causas quando estas atuavam em separado e no qual um conjunto inteiramente novo de efeitos tem lugar. Quando este modo prevalece, a cada nova combinação as causas poderão apresentar leis distintas, obrigando o investigador a recorrer, a cada novo caso de combinação, a um experimento específico.*

A posição de Mill em relação às "ciências morais" pressupõe a validade da aplicação do princípio de composição de causas ao mundo social: "as leis dos fenômenos sociais só podem ser as leis das ações e paixões dos seres humanos unidos no estado social. Entretanto, os homens, em estado de sociedade, são ainda homens; suas ações e paixões obedecem às leis da natureza humana individual".[18] *Esta estratégia está marcada, por um lado, pela tentativa de evitar o raciocínio dedutivo que parte*

---

[16] Mill, J. S. "Autobiography". In: *The Collected Works of John Stuart Mill*, v. I. Londres/Toronto: Routledge/University of Toronto Press, 1980.
[17] Ibid., p.163.
[18] *System of Logic*, p. 573.

apenas de um motivo da ação, equívoco que Mill aponta na escola de Bentham e, por outro lado, pelo anseio, talvez prematuro, de incorporar as generalizações obtidas indutivamente a um corpo de conhecimentos em que as leis da psicologia e da etologia figurassem como leis causais últimas.

A argumentação procura estabelecer tanto a possibilidade do método dedutivo no estudo dos fenômenos humanos como a impossibilidade da aplicação direta do métodos experimentais para a obtenção de leis efetivamente causais, já que as conclusões fornecidas por tais métodos seriam atrapalhadas por razões práticas e lógicas. A força conclusiva de cada um dos métodos experimentais apresentados no Livro III é assim avaliada. Saliente-se que estes métodos apresentam todos um padrão característico, como bem apontou Mackie em um estudo dedicado ao tema.[19] *Todos eles envolvem uma suposição e uma série de observações que juntas acarretam uma conclusão. A suposição refere-se ao conjunto de circunstâncias consideradas relevantes para o fenômeno a ser investigado: assumimos de início que há, nesse conjunto, alguma circunstância que é necessária, suficiente, ou necessária e suficiente para o fenômeno. O conjunto de circunstâncias é obtido por meio de uma análise prévia que pode ser revisada e o juízo de relevância que a acompanha se baseia em um conhecimento prévio fornecido pela experiência. Não haveria, segundo Mill, regras a serem seguidas nesse processo de análise que dependeria apenas da invenção e engenhosidade do investigador. A observação diz respeito às instâncias nas quais o fenômeno cuja causa ou efeito se busca pode estar presente (instância positiva) ou ausente (instância negativa) e nas quais as circunstâncias consideradas relevantes poderão estar também presentes ou ausentes. Regras de eliminação permitirão então afastar algumas dessas circunstâncias e concluir em favor daquelas remanescentes. Podem ser estabelecidas relações proporcionais entre os três elementos referidos — suposição, observação e conclusão — dependendo do rigor e da força com que estão investidos. De fato, como indica o referido estudo de Mackie, haveria oito tipos de suposição, desde a mais rigorosa, "que exige que a causa seja uma das causas possíveis, passando por aquelas que progressivamente admitem*

---

[19] Mackie, J. L. *The Cement of the Universe*. Oxford: Oxford at the Clarendon Press, 1988, p. 300.

negações, conjunções [concorrência de causas, na terminologia de Mill], disjunções [pluralidade de causas, na terminologia de Mill] e combinações destas, até a menos rigorosa, que afirma apenas que a causa é formada, de alguma maneira, por algumas das causas possíveis".[20] *Uma observação forte seria aquela suficiente para, de acordo com o rigor da suposição, eliminar todas as causas possíveis exceto uma. Por fim, a conclusão será forte ou fraca conforme o grau de especificação da causa. Note-se que, na exposição dos métodos, Mill não leva em conta todas essas possibilidades. Para simplificar a apresentação faz a suposição mais rigorosa, avaliando depois as complicações introduzidas pela pluralidade e concorrência de causas. A discussão destes métodos no Livro VI enfatiza, justamente, as dificuldades introduzidas por tais suposições relativas à causalidade. A argumentação visa atingir empiristas como o historiador T. B. Macaulay, que havia polemizado com o pai de Mill, James Mill, a respeito do método mais adequado para a Ciência Política. A posição de Mill pode ser vista como uma intervenção nesta polêmica, na tentativa de encontrar uma posição intermediária que faz concessões a ambos os lados.*

Uma das críticas de Macaulay à estratégia de James Mill de deduzir a ciência do governo partindo de princípios da natureza humana era o de que oferecia um retrato muito parcial da natureza humana. Para James Mill, a necessidade do governo estaria fundada num princípio da natureza humana: a propensão que os homens têm de possuir os objetos do seu desejo às custas de seus semelhantes. Para Macaulay, "o sr. James Mill escolheu considerar apenas uma parte da natureza humana e raciocinar a partir dos motivos que impelem os homens a oprimir e espoliar outros como se fossem os únicos motivos pelos quais os homens poderiam ser influenciados".[21] *Mas caso partíssemos de uma outra parte do caráter humano chegaríamos a resultados diametralmente opostos. Macaulay recomendava dessa forma a paciente observação do estado atual do mundo e das épocas passadas, instigando o pesquisador a pesar a evidência dos fatos, a contrastar e combinar aqueles que são autênticos e a remeter a teoria assim construída ao teste de novos fatos.*

---

[20] Ibid., p. 300.
[21] T. B. Macaulay. "Mill on Government". In: Mill, J. *Political Writings*. Cambridge: Cambridge University Press, 1992, p. 282.

A posição de Mill, como o leitor terá ocasião de avaliar, é bastante nuançada. Há, de início, a reiterada ênfase na necessidade de verificarmos quaisquer generalizações empíricas acerca do comportamento humano conectando-as com as leis psicológicas ("as leis, últimas ou derivadas, de acordo com as quais um estado mental sucede outro") e etológicas ("as leis do caráter, geradas pela ação das circunstâncias físicas e morais sobre as leis psicológicas"). Mas ao tratar das disciplinas que constituem a Ciência Social, a Economia, a Ciência do Governo, a Sociologia Geral, a posição de Mill parece oscilar entre a de seu pai e a de Macaulay. Assim, se é verdade que critica seu pai por seguir o modelo geométrico do método dedutivo, aquele que parte de apenas um motivo da ação, a defesa que apresenta da Economia parece nos aproximar muito mais deste modelo do que da versão mecânica do mesmo método. Com a aplicação do modelo geométrico à Economia Política, toda uma série de condutas humanas relativas à produção e distribuição da riqueza são estudadas como se apenas uma lei da natureza humana entrasse aí em jogo (o desejo de riqueza, no caso). Trata-se de uma operação hipotética pela qual tomamos um motivo que é de fato, por vezes, preponderante nestas atividades, como se fosse o único, mesmo porque já é tarefa suficientemente complicada calcular o efeito que as várias circunstâncias externas produzirão de acordo com aquela lei da natureza humana. Mill acrescenta ainda, cautelosamente, que este desejo de riqueza só prepondera nas atividades econômicas de certos países.[22] Note-se que a relação entre o plano psicológico e o comportamento especificamente social surge assim de forma complexa. É claro que uma explicitação satisfatória desta relação não pode ser encontrada em Mill, mas a cautela revelada na aplicação do chamado desejo de riqueza talvez possa ser complementada com as reflexões de um autor como Parsons, para quem este desejo não é uma categoria psicológica. Seria o sistema de livre empresa em uma economia de mercado que definiria a situação para o agente e esta situação seria definida de tal forma que o desejo e a busca de riqueza se tornariam a condição e a medida de seu êxito.[23] Parece pois precipitado atribuir a

---

[22] O que quer dizer, segundo Mill, Grã-Bretanha e Estados Unidos.
[23] Cf. Parsons, T. "The Motivation of Economic Activity". In: *Essays in Sociological Theory*. Glencoe (Illinois): Free Press, 1968.

Mill um psicologismo pelo qual as ações humanas seriam explicadas por meio dos motivos apenas, sem qualquer referência às circunstâncias do meio.[24] Daí a importância, para Mill, da Etologia, ciência que estudaria como as circunstâncias moldam o homem. A rigor, toda explicação do comportamento social deve fazer referência tanto a leis psicológicas como a leis etológicas. É claro que isso nos leva a indagar qual é afinal, para Mill, o estatuto das leis puramente psicológicas ou até que ponto estas podem ser separadas da influência das circunstâncias. Seja qual for a resposta passível de ser encontrada, deve-se levar em conta que Mill cogitou em ampliar o escopo da Etologia: "o nome [Etologia] é talvez aplicável à ciência inteira de nossa natureza mental e moral". Além disso, mesmo os fenômenos puramente mentais dependeriam, ainda que parcialmente, das leis fisiológicas do corpo.

Por outro lado, ao tratar da Sociologia Geral, Mill parece aproximar-se de Macaulay. Esta ciência sintética dividida em duas disciplinas, a Estática Social, que estuda as possíveis combinações dos elementos coexistentes da sociedade, e a Dinâmica Social, que investiga a sucessão entre um estado de sociedade e outro, era fundamental para Mill, pois controlaria as conclusões de ciências especiais como a Economia e a Ciência do Governo. Pois estas ciências especiais partem justamente de um certo estado da sociedade, isto é, perguntam qual o efeito de uma determinada causa supondo um conjunto dado de condições. A Estática Social estaria mesmo subordinada à Dinâmica Social, pois a causa de um estado da sociedade seria seu estado anterior e, desta forma, os fenômenos de coexistência de um determinado estado teriam suas causas no estado anterior. O problema fundamental da Ciência Social seria então o das leis que regulam a sucessão entre um estado e outro. Ora, seria impossível deduzir a ordem do desenvolvimento humano partindo apenas das leis da natureza humana e das circunstâncias gerais da espécie. Seria preciso levar em conta também as circunstâncias legadas pela ação das gerações precedentes sobre o meio externo, o que tornaria o cálculo uma operação que excede nossas capacidades. Neste ponto, Mill é obrigado a conceder então que podemos obter da história leis empíricas e, mais do que isso, que a verificação destas se dá

---

[24] Atribuição feita, por exemplo, por Popper. Cf. Popper, K. *The Open Society and Its Enemies*. Princeton: Princeton University Press, 1950, p. 283.

por meio de uma "dedução inversa" bastante fraca. Com efeito, o elo entre as leis empíricas obtidas dos fatos históricos e as leis da natureza humana não parece exibir o rigor lógico de uma inferência dedutiva, como sugere a cautelosa afirmação de Mill segundo a qual o máximo que pode ser feito neste sentido é mostrar que havia "fortes razões a priori" para esperar as leis empíricas ou, tornando a conexão ainda mais fraca, que estas eram apenas possíveis. Algo que levará o leitor a pensar o quanto Mill não estaria concedendo às posições empiristas de Macaulay, por exemplo.

Examinado a questão do ponto de vista atual, é possível afirmar que Mill tenha talvez exagerado as dificuldades que cercam a aplicação do método comparativo aos fenômenos sociais, como atesta o desenvolvimento posterior de sofisticadas técnicas que autorizam o seu uso. Nesse sentido, sua argumentação tem antes o mérito de levantar um desafio do que barreiras intransponíveis e deve assim ser lida. Mais grave talvez seja o fato de que as generalizações geradas pela aplicação de tais métodos nos legou um corpo de conhecimento empírico que não pode ser conectado com as leis psicológicas e etológicas, conexão que seria, para Mill, a própria verificação deste conhecimento. De qualquer forma poderíamos perguntar se o esboço de um edifício teórico mais robusto para as Ciências Sociais não poderia bem ser este.

NOTA SOBRE A TRADUÇÃO

Esta tradução adotou o texto da oitava edição do A System of Logic (*Londres: Longmans, Green & Co., 1961*), *a última revista pelo próprio Mill. Utilizamos ainda a edição crítica publicada em 1973 pela Toronto University Press, de onde foram selecionadas algumas variantes consideradas relevantes presentes em edições anteriores da obra. Incluídas em notas, estão precedidas pelo termo "variante". A abreviatura "N.E." refere-se às notas introduzidas pelo editor desta edição crítica J. M. Robson, destinadas a especificar obras citadas por Mill. Visto que* A Lógica das ciências morais *é parte de um livro mais amplo sobre métodos científicos em geral, algumas notas foram introduzidas pelo tradutor nos pontos em que Mill alude a temas tratados anteriormente.*

Agradecemos a Natalia Maruyama, José Jeremias de Oliveira Filho e Mário Antonio Eufrásio, pela leitura e comentários feitos, e a José Feres Sabino, com quem compartilho as boas soluções.

A LÓGICA
DAS CIÊNCIAS
MORAIS

Se o homem pode predizer, com uma segurança quase completa, os fenômenos cujas leis ele conhece; se, mesmo que estas fossem desconhecidas, ele pode, conforme a experiência, prever os eventos futuros com grande probabilidade; por que consideraríamos um empreendimento quimérico o de esboçar, com alguma verossimilhança, o quadro dos destinos futuros da espécie humana conforme os resultados de sua história? O único fundamento de crença nas ciências naturais é a ideia de que as leis gerais, conhecidas ou ignoradas, que regulam os fenômenos do universo são necessárias e constantes; por que razão este princípio seria menos verdadeiro para o desenvolvimento das faculdades intelectuais e morais do homem do que para as outras operações da natureza? Enfim, visto que as opiniões formadas conforme a experiência (...) constituem a única regra da conduta dos homens mais sábios, por que proibiríamos o filósofo de apoiar suas conjecturas sobre esta mesma base, contanto que não atribua a ela uma certeza superior àquela que pode nascer do número, da constância e da exatidão das observações?

(Condorcet, Esquisse d'un Tableau Historique des Progrès de l'Esprit Humain*)*

CAPÍTULO I
OBSERVAÇÕES INTRODUTÓRIAS

§1. *O estado atrasado das Ciências Morais só pode ser remediado aplicando a elas os métodos da ciência física, devidamente estendidos e generalizados.*

Os Princípios da Evidência e as Teorias do Método não devem ser construídos *a priori*. As leis de nossa faculdade racional, assim como aquelas de qualquer outra ação natural, são conhecidas somente pela observação do agente em atividade. As primeiras conquistas da ciência foram alcançadas sem a observância consciente de qualquer Método Científico, e jamais teríamos conhecido o processo pelo qual a verdade é estabelecida se não tivéssemos previamente estabelecido muitas verdades. Mas foram somente os problemas mais fáceis que puderam ser assim resolvidos: a sagacidade natural, quando pôs à prova sua força contra os problemas mais difíceis, ou fracassou completamente ou, se foi bem-sucedida aqui e ali em obter uma solução, não teve meios seguros de convencer os outros de que sua solução era correta. Na investigação científica, assim como em todas as outras atividades da prática humana, o modo de obter o fim é percebido, por assim dizer, instintivamente pelas mentes superiores em algum caso relativamente simples, e é então, por meio de uma criteriosa generalização, adaptado a uma variedade de casos complexos. Nós aprendemos a fazer uma coisa em circunstâncias difíceis prestando atenção na maneira pela qual fizemos espontaneamente a mesma coisa em circunstâncias mais fáceis.

Esta verdade é exemplificada pela história dos vários ramos do conhecimento que assumiram sucessivamente, conforme sua ordem de complicação, o caráter de ciências; e irá sem dúvida receber nova confirmação daqueles ramos cuja constituição científica final está, entretanto, por ocorrer e que estão abandonados ainda às incertezas da discussão vaga e popular. Embora várias outras ciências tenham emergido deste estado em uma data relativamente recente, nenhuma permanece agora nele, exceto aquelas que dizem respeito ao próprio homem, o mais complexo e o mais difícil objeto de estudo com o qual a mente humana pode se ocupar.

Em relação à natureza física do homem como um ser organizado — apesar de haver ainda muitas incertezas e controvérsias que só podem ser encerradas pelo reconhecimento geral e emprego de regras de indução mais estritas do que aquelas que são comumente admitidas — há, entretanto, um corpo considerável de verdades tidas como completamente estabelecidas por todos aqueles que têm se dedicado ao assunto e não há, atualmente, neste departamento da ciência qualquer imperfeição radical no método observado pelos seus mais ilustres mestres modernos. Mas as leis da Mente e, em um grau até mesmo maior, aquelas da Sociedade estão tão longe de ter atingido um estado similar de reconhecimento mesmo parcial, que é ainda controverso se elas são capazes de se tornar objetos de ciência no sentido estrito do termo; e, entre aqueles que estão de acordo, a respeito deste ponto reina a mais irreconciliável diversidade em relação a quase todo outro ponto. Aqui, portanto, podemos esperar que os princípios formulados nos livros precedentes possam ser úteis.

Se um acordo mais geral sobre as questões mais importantes com que o intelecto humano pode se ocupar vier alguma vez a existir entre os pensadores e se o que foi proclamado o "estudo propriamente dito da humanidade"[1] não está destinado a permanecer como a única matéria que a Filosofia não pode livrar do Empiricismo, então, o mesmo processo pelo qual as leis de muitos fenômenos mais simples foram colocadas, conforme o reconhecimento geral, acima de toda disputa, deve ser consciente e deliberadamente aplicado àquelas investigações mais difíceis. Se há alguns assuntos a respeito dos quais os resultados obtidos receberam, finalmente, o assentimento unânime de todos aqueles que se dedicaram à prova e outros em relação aos quais a humanidade não tem sido ainda igualmente bem-sucedida e com os

---

[1] Pope, Alexander. "Essay on Man", Epistle II, 1.2. In: *Works*, v. III. Warton (Ed.), p. 53. (N.E.)

quais as mais sagazes mentes têm, há muito tempo, se ocupado, sem nunca conseguir estabelecer, para além da dúvida ou rejeição, qualquer corpo considerável de verdades, então, nós podemos esperar remover esta mancha da face da ciência generalizando os métodos que foram aplicados com êxito naqueles primeiros assuntos e adaptando-os a estes últimos. Os capítulos restantes são um esforço para facilitar este objetivo mais do que desejável.

§2. *Até que ponto isto pode ser empreendido na presente obra.*

Neste empreendimento, não estou desatento ao pouco que pode ser feito a seu respeito em um mero tratado sobre Lógica, nem a como todos os preceitos de Método devem necessariamente parecer vagos e insatisfatórios quando não são praticamente exemplificados no estabelecimento de um corpo de doutrina. Sem dúvida, o modo mais efetivo de mostrar como as ciências da Ética e da Política podem ser construídas seria construí-las: uma tarefa da qual, é desnecessário dizer, não me ocuparei. Mas o memorável exemplo de Bacon, mesmo que não houvesse outros exemplos, seria suficiente para demonstrar que é possível e útil, algumas vezes, apontar o caminho, ainda que não se esteja preparado para avançar muito nele. Além disso, se a tentativa devesse ser levada mais adiante não seria este, de qualquer forma, o lugar apropriado.

No essencial, tudo o que pode ser feito, numa obra como esta, em favor da Lógica das Ciências Morais já foi ou deveria ter sido efetuado nos cinco livros precedentes. O presente livro não pode ser senão uma espécie de suplemento ou apêndice, visto que os métodos de investigação aplicáveis à ciência social e moral já devem ter sido descritos se fui bem-sucedido em enumerar e caracterizar aqueles da ciência em geral. Resta, entretanto, examinar quais daqueles métodos são mais especialmente adequados aos vários ramos da investigação moral; sob que dificuldades ou circunstâncias peculiares eles são aí empregados; até que ponto o estado insatisfatório daquelas investigações é devida a uma escolha errada de métodos e até que ponto à falta de habilidade na aplicação dos métodos corretos; e, enfim, que grau de sucesso último pode ser atingido ou esperado por meio de uma escolha melhor e de um emprego mais cuidadoso dos processos lógicos apropriados ao caso. Em outras palavras, resta investigar se as ciências morais existem ou podem existir, a que grau de perfeição elas podem ser conduzidas e por meio de qual seleção ou adaptação dos métodos apresentados na parte anterior desta obra este grau de perfeição é alcançável.

No limiar desta investigação, encontramos uma objeção que, se não fosse removida, seria fatal à tentativa de tratar a conduta humana como um objeto de ciência. As ações dos seres humanos estão sujeitas, como a de todos os outros eventos naturais, a leis invariáveis? A constância de causação, que é o fundamento de toda teoria científica dos fenômenos sucessivos, realmente prevalece entre elas? Isto é, com frequência, negado. A questão deve receber aqui uma resposta ponderada, se não por uma urgente necessidade prática, pela perfeição sistemática. Consagraremos a esta questão um capítulo à parte.

CAPÍTULO II
LIBERDADE E NECESSIDADE

§1. *As ações humanas estão sujeitas à lei de causalidade?*

A questão de saber se a lei da causalidade aplica-se às ações humanas no mesmo sentido estrito em que se aplica a outros fenômenos constitui a célebre controvérsia sobre a liberdade da vontade, que desde pelo menos o tempo de Pelagius dividiu o mundo filosófico e religioso. A opinião afirmativa é normalmente chamada a doutrina da Necessidade, pois sustenta que as ações e volições humanas são necessárias e inevitáveis. A opinião negativa sustenta que a vontade não é, ao contrário de outros fenômenos, determinada por antecedentes, mas determina a si mesma; que nossas volições não são, propriamente falando, efeitos de causas ou, pelo menos, não obedecem a causas de modo uniforme e irrestrito.

Deixei já suficientemente claro que considero verdadeira a primeira destas opiniões, mas os termos enganosos em que é frequentemente expressa e a maneira indistinta pela qual é usualmente compreendida obstruíram sua recepção e perverteram sua influência quando acolhida. A teoria metafísica do livre-arbítrio, tal como é sustentada pelos filósofos (pois o sentimento prático do livre-arbítrio, comum em maior ou menor grau a toda humanidade, não é, de nenhum modo, inconsistente com a teoria contrária), foi inventada porque a suposta alternativa a ela, a admissão de que as ações humanas são necessárias, foi considerada inconsistente com a consciência instintiva de cada um, bem como humilhante para o orgulho do homem e até mesmo degradante para sua natureza moral. Não nego que a doutrina, tal como é algumas vezes sustentada, está aberta a essas acusações, pois, como mostrarei, o equívoco do qual elas se originam não está, infelizmente, confinado aos oponentes da doutrina, mas é compartilhada por muitos, talvez mesmo pela maior parte, de seus defensores.

§2. *Em que sentido é verdadeira a doutrina comumente chamada de Necessidade Filosófica.*

Corretamente concebida, a doutrina da Necessidade Filosófica é simplesmente esta: sendo dados os motivos presentes à mente de um indivíduo e sendo dado, igualmente, o caráter e a disposição do indivíduo, a maneira pela qual ele irá agir pode ser inferida infalivelmente; se conhecêssemos completamente a pessoa e todos os induzimentos que atuam sobre ela, nós poderíamos predizer sua conduta com a mesma certeza com que podemos predizer qualquer evento físico. Considero esta proposição como a mera interpretação de uma experiência universal, como o enunciado verbal daquilo de que todos estão internamente convencidos. Ninguém que acredita conhecer completamente as circunstâncias de um caso qualquer e o caráter das diferentes pessoas envolvidas hesitaria em predizer como cada uma destas iria agir. Qualquer que seja o grau de dúvida que este homem pode de fato sentir, ela procede da incerteza quanto ao conhecimento real, com toda a precisão exigida, das circunstâncias ou do caráter de uma ou outra das pessoas; mas a dúvida não procede, de nenhuma maneira, de acreditar que, se fossem conhecidas essas coisas, poderia existir alguma incerteza sobre qual seria a conduta. Esta convicção plena não entra, de nenhuma forma, em conflito com o nosso assim chamado sentimento de liberdade. Não nos sentimos menos livres porque aqueles que nos conhecem intimamente estão bem seguros a respeito da maneira pela qual agiremos em um caso particular. Ao contrário, frequentemente consideramos a dúvida sobre qual será a nossa conduta como uma marca da ignorância a respeito do nosso caráter e, por vezes, até mesmo ressentimos esta dúvida como uma acusação. Os metafísicos religiosos que afirmam a liberdade da vontade sempre sustentaram que ela é consistente com a presciência divina de nossas ações; ora, se ela é consistente com a presciência divina, será também com qualquer outra presciência.

Nós podemos ser livres e, entretanto, um outro pode ter razão ao crer que está perfeitamente certo sobre o uso que faremos de nossa liberdade. Portanto, o que nossa consciência contradiz ou percebe como degradante não é a doutrina segundo a qual nossas volições e ações são consequências invariáveis de nossos estados mentais antecedentes.

Mas a doutrina da causalidade, quando aplicada às nossas volições e seus antecedentes, envolve, segundo a opinião quase universal, mais do que isto. Muitos não acreditam e poucos sentem de modo prático que não há nada na causação a não ser uma sequência invariável, certa e incondicional. São poucos aqueles para quem a mera constância de sucessão parece um laço de união suficientemente estreito para uma relação tão peculiar como a de causa e efeito. Mesmo que a razão repudie, a imaginação retém o sentimento de alguma conexão mais íntima, de algum elo peculiar ou de alguma compulsão misteriosa exercida pelo antecedente sobre o consequente. Ora, é isto que, aplicado à vontade humana, colide com nossa consciência e revolta nossos sentimentos. Estamos seguros de que no caso de nossas volições não há esta compulsão misteriosa. Sabemos que não somos compelidos, como que por um encanto mágico, a obedecer qualquer motivo particular. Sentimos que se quiséssemos provar que temos o poder de resistir ao motivo, poderíamos fazê-lo (este querer sendo, é desnecessário observar, um *novo antecedente*), e seria humilhante para nosso orgulho e, o que é mais importante, paralisante para nosso desejo de excelência, se pensássemos de outra forma. Mas, atualmente, as melhores autoridades filosóficas não supõem, tampouco, que tal compulsão misteriosa seja exercida por qualquer outra espécie de causa sobre seu efeito. Aqueles que pensam que as causas arrastam seus efeitos por meio de um laço místico estão certos em acreditar que a relação entre as volições e seus antecedentes é de outra natureza. Mas eles deveriam ir além e admitir que isto é verdadeiro também para todos os outros efeitos e seus antecedentes. Se um tal laço está envolvido na palavra necessidade, a doutrina não é verdadeira das ações humanas; mas, então, também não é verdadeira dos objetos inanimados. Seria mais correto dizer que a matéria não é compelida pela necessidade do que dizer que a mente o é.

Que os metafísicos do livre-arbítrio, pertencendo principalmente à escola que rejeita as análises de Hume e Brown sobre Causa e Efeito, devam, na ausência da luz fornecida por estas análises, extraviar-se, não nos surpreende. O surpreendente é que os Necessitaristas, que usualmente admitem aquela teoria filosófica, a percam igualmente de vista na prática. Acredito que a mesma concepção equivocada da doutrina da Necessidade Filosófica, que impede o partido oposto de reconhecer sua verdade, existe, de modo mais ou menos obscuro, na mente da maior parte dos Necessitaristas, ainda que possam negá-lo verbalmente. Muito me equivoco se eles consideram, habitualmente, a necessidade que reconhecem nas ações como mera uniformidade de ordem e possibilidade de predição. Eles têm a impressão de que no fundo há um laço mais forte entre as volições e suas causas: como se, quando afirmam que a vontade é governada pela balança dos motivos, eles quisessem dizer algo mais concludente do que se dissessem somente que qualquer um que conhecesse os motivos e nossas suscetibilidades habituais em relação a estes poderia predizer como quereríamos agir. Eles cometem, em oposição ao seu próprio sistema científico, o mesmo erro que seus adversários cometem em obediência ao seu, e, consequentemente, estão de fato sujeitos, em alguns casos,[1] àquelas desanimadoras consequências que seus adversários imputam erroneamente à doutrina em si.

§3. *O caráter inadequado e o efeito pernicioso do termo Necessidade.*

Estou inclinado a pensar que este erro é quase unicamente efeito das associações de uma palavra e que seria evitado proibindo-se o

---

[1] *Variante* (digo por experiência própria): Conforme lemos na *Autobiografia*, Mill passou por uma séria crise depressiva por volta de 1826-1827. Sua educação, relata, não havia logrado criar os sentimentos de simpatia pelos demais seres humanos, sentimentos estes que são as únicas fontes seguras da felicidade. Os hábitos analíticos inculcados por sua educação tendiam a dissolver não apenas os preconceitos, mas também as paixões e as virtudes. O abatimento foi acompanhado pelo pensamento de que não seria possível formar novamente o seu próprio caráter e criar, "em uma mente irremissivelmente analítica, novas associações prazerosas com quaisquer dos objetos do desejo humano". O "cultivo dos sentimentos" teve papel fundamental na superação da crise e tornou-se um dos pontos cardeais de seu credo ético e filosófico. Cf. *Autobiografia*, Madri: Alianza Editorial, 1986, cap. V. (N.T.)

emprego de um termo tão impróprio como Necessidade para expressar o simples fato da causação. Esta palavra, em suas outras acepções, envolve muito mais do que a mera uniformidade de sequência: ela implica irresistibilidade. Aplicada à vontade, ela significa apenas que determinada causa será seguida pelo efeito, sujeita, por outro lado, a todas as possibilidades de ação contrária por parte de outras causas; mas, no uso comum, ela expressa a operação daquelas causas exclusivamente que se supõem demasiado poderosas para serem contrariadas de qualquer maneira. Quando dizemos que todas as ações humanas têm lugar necessariamente, queremos dizer somente que, se nada impedir, elas certamente ocorrerão: — quando dizemos, daqueles que não conseguem se alimentar, que morrer de fome é uma necessidade, queremos dizer que isso certamente irá ocorrer, o que quer que possa ser feito para impedi-lo. A aplicação, aos fatores de que dependem os atos humanos, do mesmo termo usado para exprimir aqueles fatores naturais que são realmente inevitáveis, não pode deixar, quando habitual, de criar o sentimento da inevitabilidade dos primeiros também. Isto, entretanto, é uma mera ilusão. Há sequências físicas que chamamos necessárias, como a morte pela falta de alimento ou ar. Há outras que, apesar de serem, como as primeiras, casos de causação, não são ditas necessárias, como, por exemplo, a morte por envenenamento, que um antídoto ou o uso da lavagem estomacal poderá algumas vezes evitar. O sentimento tende a se esquecer facilmente, ainda que o entendimento se lembre, que as ações humanas estão nesta última categoria: estas nunca são, exceto em alguns casos de mania, regidas por um motivo tão absolutamente influente que não deixe lugar para a influência de qualquer outro. Portanto, as causas das quais as ações dependem nunca são incontroláveis e um efeito dado qualquer é necessário somente se as causas que tendem a produzi-lo não são controladas. Ninguém seguramente hesitaria em admitir que tudo aquilo que ocorre não poderia ter ocorrido de outra forma a menos que algo capaz de impedi-lo tivesse sucedido. Mas chamar isso de Necessidade é usar o termo em um sentido tão diferente do seu significado primitivo e familiar, daquele que se apresenta nas ocasiões comuns da vida, que chega a ser quase um jogo de palavras. As associações derivadas do sentido ordinário do termo continuarão unidas a ele apesar de todos os nossos esforços e, ainda que a doutrina da Necessidade, tal como é formulada pela maior parte daqueles que a sustentam, esteja muito afastada do fatalismo, é provável que a maior parte dos Necessitaristas seja mais ou menos Fatalista em seu sentimento. Um Fatalista acredita, ou acredita parcialmente (pois ninguém é um fatalista consistente), não somente que tudo aquilo que está para ocorrer será o resultado infalível das causas que o produzem (o que constitui a verdadeira doutrina Necessitarista) mas, além disso, que de nada serve lutar contra, que as coisas ocorrerão apesar de nossos esforços para impedi-las. Ora, um Necessitarista, acreditando que nossas ações seguem o nosso caráter e que nosso caráter segue nossa organização, nossa educação e nossas circunstâncias, tende a ser, com maior ou menor consciência, um Fatalista quanto às suas próprias ações e tende a acreditar que sua natureza é tal, ou que sua educação e circunstâncias moldaram de tal forma o seu caráter, que nada pode impedi-lo de sentir e agir de um modo particular ou, pelo menos, que nenhum esforço seu pode impedi-lo disso. Nos termos da seita que, em nossos dias, mais perseverantemente inculcou e mais perversamente desfigurou esta grande doutrina, o caráter de um homem é formado *para* ele e não *por* ele; portanto, seu desejo de que tivesse sido formado diferentemente de nada serve; ele não tem nenhum poder de alterá-lo. Mas isto é um grande erro. O homem tem, até certo ponto, poder para alterar seu caráter. Que o caráter seja, em última análise, formado para ele não é inconsistente com o fato de ser, em parte, formado por ele como um dos agentes intermediários. Seu caráter é formado por suas circunstâncias (incluindo-se, entre essas, sua organização particular), mas seu próprio desejo de moldá-lo de uma maneira particular é uma dessas circunstâncias e, de nenhuma forma, uma das menos influentes. Nós não podemos, é certo, decidir diretamente ser diferentes do que somos; mas tampouco aqueles que supostamente formaram nosso caráter decidiram diretamente que fôssemos o que somos. Suas vontades só têm poder direto sobre suas próprias ações. O que fizeram conosco o fizeram determinando não os fins, mas os meios necessários; de modo similar, determinando os meios necessários, podemos, quando nossos hábitos não são muito inveterados, modificar-nos. Se eles puderam nos colocar sob a influência de certas circunstâncias, nós, da mesma forma, podemos nos colocar sob a influência de outras circunstâncias. Somos exatamente tão capazes de formar nosso próprio caráter, *se quisermos*, como os outros são capazes de formá-lo para nós.

Sim, responde o discípulo de Owen, mas a expressão "se quisermos" concede o ponto essencial, já que a vontade de alterar nosso próprio caráter nos é dada, não por quaisquer esforços nossos, mas por circunstâncias que não podemos evitar; ou ela vem a nós a partir de causas externas ou não vem de nenhuma forma. Perfeitamente, e se o discípulo de Owen para aqui, ele se mantém em uma posição inexpugnável. Nosso caráter é formado por nós assim como para nós, mas o desejo que nos induz a tentar formá-lo é formado para nós; e como? Em geral, não por nossa organização, nem inteiramente por nossa educação, mas por nossa experiência — experiência das consequências penosas do caráter que tínhamos anteriormente, ou por algum forte sentimento de admiração ou anseio acidentalmente surgido. Mas acreditar que não temos nenhum poder de alterar nosso caráter e acreditar que não usaremos nosso poder a menos que o desejemos são coisas muito diferentes e que têm um efeito diferente sobre a mente. Uma pessoa que não deseja alterar seu caráter não pode ser aquela que supomos desencorajada ou paralisada pelo pensamento de que é incapaz de fazê-lo. O efeito desencorajador da doutrina Fatalista só pode ser sentido onde *há* um desejo de fazer o que a doutrina representa como impossível. Pouco importa a que atribuímos a formação de nosso caráter quando não temos, de nossa parte, nenhum desejo de formá-lo, mas importa muito que não sejamos impedidos de formar um tal desejo pelo pensamento de que sua realização é impraticável, e importa muito, se temos o desejo, saber que a obra não está tão irrevogavelmente acabada que não admite nenhuma alteração.

Na verdade, se examinarmos mais de perto, reconheceremos que este sentimento da capacidade de modificar, *se quisermos*, nosso próprio caráter é o sentimento mesmo da liberdade moral de que temos consciência. Uma pessoa se sente moralmente livre quando sente que seus hábitos e tentações não a dominam, mas ela os domina, quando, mesmo cedendo a eles, sabe que poderia resistir e que, se desejasse livrar-se deles completamente, não necessitaria, para isso, de um desejo mais forte do que aquele que ela sabe ser capaz de sentir. Obviamente é necessário, para tornar completa a nossa consciência de liberdade, que tenhamos sido bem-sucedidos em todas as tentativas que fizemos até então para formar nosso caráter, pois, se queremos mudá-lo e não conseguimos, não temos, nesta medida, nenhum poder sobre nosso próprio caráter — não somos livres. Ou, pelo menos, devemos sentir que nossa vontade, se não é forte o suficiente para alterar nosso caráter, é forte o bastante para subjulgá-lo quando os dois entram em conflito em qualquer caso particular de conduta. Eis porque é verdadeiro dizer que apenas uma pessoa de confirmada virtude é completamente livre.

A aplicação de um termo tão impróprio como Necessidade à doutrina da causa e efeito, quando se trata do caráter humano, parece-me uma das instâncias mais notáveis, em filosofia, do abuso dos termos, e suas consequências práticas, um dos exemplos mais impressionantes do poder da linguagem sobre nossas associações. A questão nunca será compreendida por todos enquanto não for afastado este censurável termo. A doutrina do livre-arbítrio, tendo em mente precisamente aquela fração da verdade que o termo Necessidade põe de lado, a saber, o poder da mente para cooperar na formação de seu próprio caráter, deu aos seus adeptos um sentimento prático muito mais próximo da verdade do que aquele que, acredito, geralmente existiu na mente dos Necessitaristas. Estes últimos podem ter um sentido mais vivo da importância daquilo que os seres humanos podem fazer para formar o caráter uns dos outros, mas a doutrina do livre-arbítrio, eu acredito, fomentou em seus partidários um espírito muito mais forte de cultivo pessoal.

§4. *Um motivo não é sempre a antecipação de um prazer ou de uma dor.*

Além da existência do poder de nos formarmos, há ainda um fato que precisa ser assinalado antes que a doutrina da causação das ações humanas possa ser desembaraçada dos erros e equívocos que a envolvem em tantas mentes. Quando se diz que a vontade é determinada por motivos, motivo não significa sempre, ou somente, a antecipação de um prazer ou de uma dor. Não vou investigar aqui se é verdade que, na origem, todas as nossas ações voluntárias são apenas meios conscientemente empregados para obter algum prazer ou evitar alguma dor. É certo, ao menos, que, devido à influência da associação, chegamos gradualmente a desejar os meios sem pensar no fim: a própria ação se torna um objeto de desejo e é realizada sem referência a qualquer motivo para além dela mesma. Até este ponto, ainda se pode objetar que, como a ação se tornou aprazível por meio da associação, somos movidos a agir, tanto quanto antes, pela antecipação de um prazer, a saber, o prazer da própria ação. Mas, concedido isto, a questão não está encerrada. Conforme prosseguimos na formação de hábitos e nos tornamos acostumados a querer um ato ou um curso particular de conduta porque é aprazível, continuamos, finalmente, a querê-lo sem qualquer referência ao fato de ser aprazível. Embora, devido a alguma mudança em nós ou em nossas circunstâncias, tenhamos cessado de encontrar qualquer prazer na ação ou, talvez, de antecipar qualquer prazer como consequência da ação, ainda continuamos a desejá-la e, por conseguinte, a realizá-la. É desta maneira que hábitos prejudiciais continuam a ser praticados, embora tenham deixado de ser aprazíveis, e é desta maneira, também, que o hábito de vontade necessário para perseverar no curso de conduta escolhido não abandona o herói moral, mesmo quando a recompensa, não obstante real, que ele sem dúvida recebe da consciência de fazer o bem está longe de ser um equivalente dos sofrimentos que suporta ou dos desejos que pode ser obrigado a renunciar.

Um hábito de vontade é o que se chama, normalmente, um propósito, e, entre as causas de nossas volições e das ações que resultam delas, é preciso computar não somente preferências e aversões, mas também propósitos. Somente quando nossos propósitos se tornam independentes dos sentimentos de dor ou prazer dos quais originalmente surgiram é que se diz que temos um caráter firmado. "Um caráter", diz Novalis, "é uma vontade completamente formada"[2] e a vontade, uma vez assim formada, pode ser resoluta e constante,

---

[2] Carlyle, Thomas. "Novalis". *Critical and Miscellaneous Essays*, v. II. Londres: Fraser, 1840, p. 242. (N.E.)

embora a suscetibilidade ao prazer e à dor esteja grandemente enfraquecida ou consideravelmente alterada.

Com as correções e explicações dadas, a doutrina da causação de nossas volições pelos motivos e dos motivos pelos objetos desejáveis oferecidos a nós combinado com nossas suscetibilidades particulares ao desejo pode, assim espero, ser considerada como suficientemente estabelecida para os propósitos deste tratado.[3]

---

[3] Alguns argumentos e explicações suplementares àqueles contidos no texto serão encontrados em *An Examination of Sir William Hamilton's Philosophy*, cap. XXVI. (N.A.)

CAPÍTULO III
QUE HÁ OU PODE HAVER UMA CIÊNCIA DA NATUREZA HUMANA

§1. *Pode haver ciências que não são ciências exatas.*

É opinião corrente, ou, pelo menos, implicada em muitas maneiras comuns de falar, que os pensamentos, sentimentos e ações dos seres sensíveis não são objeto de ciência no mesmo sentido estrito em que o são os objetos da natureza exterior. Esta opinião parece envolver uma certa confusão de ideias que é necessário começar por aclarar.

Todos os fatos que se sucedem uns aos outros de acordo com leis constantes estão preparados, em si mesmos, para ser objetos de ciência, ainda que essas leis não tenham sido descobertas e nem mesmo possam ser descobertas por meio dos recursos existentes. Tome-se, por exemplo, a classe mais familiar dos fenômenos meteorológicos, os da chuva e do bom tempo. A investigação científica ainda não conseguiu estabelecer a ordem de antecedência e consequência entre esses fenômenos, de modo a ser capaz, pelo menos em nossas regiões da terra, a predizê-los com certeza ou mesmo com um alto grau de probabilidade. Entretanto, ninguém duvida que estes fenômenos dependem de leis e que estas leis são leis derivadas resultantes de leis últimas conhecidas,[1] como as do calor, da eletricidade, da vaporização e

---

[1] Na acepção de Mill, leis últimas são sequências causais incondicionais, sequências sujeitas apenas às condições negativas, isto é, que não dependem da presença de uma terceira circunstância, mas apenas da manutenção da constituição atual das coisas. Assim, a sequência causal na qual o dia figura como efeito é incondicional porque "se o sol está acima do horizonte, sua luz não extinta e não há nenhum corpo opaco entre ele e nós, acreditamos firmemente que, a menos que uma mudança tenha lugar nas propriedades da matéria, esta combinação de antecedentes será sempre seguida pelo dia como consequente". Leis derivadas são sequências condicionais que podem ser deduzidas de leis últimas. Podem ser de vários tipos: leis de sucessão ou coexistência entre diferentes efeitos da mesma causa, leis de sucessão entre efeitos e suas causas remotas, a lei de um efeito gerado pela com-

dos fluidos elásticos. Está fora de dúvida também que, se estivéssemos familiarizados com todas as circunstâncias antecedentes, poderíamos, mesmo a partir daquelas leis mais gerais, predizer (salvo dificuldades de cálculo) o estado atmosférico em qualquer tempo futuro. A meteorologia, portanto, não somente contém em si mesma todos os requisitos normais para ser, mas já é uma ciência, ainda que, pela dificuldade de observação dos fatos de que dependem os fenômenos (uma dificuldade inerente à natureza peculiar desses fenômenos), seja uma ciência extremamente imperfeita; mesmo que fosse perfeita, seria, provavelmente, de pouca serventia na prática, já que os dados necessários para aplicar seus princípios às instâncias particulares seriam difíceis de obter.

Pode-se conceber o caso de uma posição intermediária entre a perfeição da ciência e esta sua extrema imperfeição. Pode ocorrer que as causas mais importantes, aquelas das quais depende a parte principal dos fenômenos, estejam ao alcance da observação e da medida, de modo que, se outras causas não interviessem, poderia ser dada uma explicação completa não somente dos fenômenos em geral, mas de todas as variações e modificações que admite. Mas visto que outras causas, talvez muitas outras, separadamente insignificantes em seus efeitos, cooperam ou conflitam, em muitos ou em todos os casos, com aquelas causas mais importantes, o efeito apresenta, consequentemente, um desvio maior ou menor em relação àquele que seria produzido apenas pelas causas principais. Ora, se estas causas secundárias não são regularmente acessíveis ou não são de nenhum modo acessíveis à observação cuidadosa, a parte principal do efeito pode ser ainda assim, tal como antes, explicada e mesmo prevista; entretanto, haverá variações e modificações que não seremos competentes para explicar de modo completo e nossas predições não serão satisfeitas de maneira exata, mas apenas aproximada.

---

posição de várias causas ou, ainda, leis de sucessão ou coexistência entre efeitos distintos de diferentes causas. A rigor, "não estamos certos de que as uniformidades com as quais estamos familiarizados são leis últimas, mas sabemos que deve haver leis últimas e que cada resolução de uma lei derivada em uma mais geral nos leva para mais perto delas". Consultar a respeito, *A System of Logic*, Livro III, cap. IV, esp. §1 e §6 e cap. XVI, esp. §1 e §2. (N.T.)

É o que ocorre, por exemplo, com a teoria das marés. Ninguém duvida que a Tidologia (como o dr. Whewell propõe denominá-la)[2] é realmente uma ciência. Tudo aquilo que, no fenômeno, depende da atração do Sol e da Lua é completamente conhecido e pode, em qualquer parte da Terra, mesmo as desconhecidas, ser previsto com certeza. E é destas causas que depende a maior parte do fenômeno. Mas circunstâncias de natureza local ou casual, tais como a configuração do fundo do oceano, o grau de confinamento da costa, a direção do vento etc., influenciam em muitos ou em todos os lugares a altura e a hora da maré e, como uma parte dessas circunstâncias, ou não pode ser exatamente conhecida e medida com precisão ou não é suscetível de ser prevista com certeza, a maré, em lugares conhecidos, normalmente se desvia do resultado calculado a partir dos princípios gerais por uma diferença que não podemos explicar e, em lugares desconhecidos, pode variar por uma diferença que não somos capazes de prever ou conjecturar; portanto, não somente a Tidologia é, como a Meteorologia, uma ciência mas é aquilo que a Meteorologia, pelo menos até agora, não é: uma ciência largamente utilizável na prática. Leis gerais sobre as marés podem ser formuladas, predições podem ser fundadas sobre essas leis e o resultado corresponderá, no essencial, embora muitas vezes sem uma completa exatidão, às predições.

É isto o que quer dizer ou o que se deveria querer dizer quando se fala de ciências que não são *exatas*. A Astronomia foi outrora uma ciência, sem ser uma ciência exata. Ela não podia se tornar exata antes que fossem explicadas e referidas às suas causas não somente o curso geral dos movimentos planetários, mas também as suas perturbações. Ela se tornou uma ciência exata porque seus fenômenos foram subsumidos a leis que compreendem a totalidade das causas que influenciam, seja em um grau considerável ou insignificante, seja em todos os casos ou em alguns somente, os fenômenos e atribuindo a cada uma dessas causas a parte do efeito que realmente lhes pertence. Mas na teoria das marés as únicas leis que foram, até agora, determinadas com exatidão são aquelas das causas que afetam os fenômenos em todos os casos e em um grau considerável,

---

[2] *Novum Organon Renovatum*, p. 330. (N.E.)

enquanto aquelas que o afetam somente em alguns casos ou, se em todos, apenas em um grau insignificante, não foram suficientemente estudadas e determinadas para nos permitir formular as leis e, ainda menos, deduzir a lei completa do fenômeno pela composição do efeito das causas principais com o das secundárias. A Tidologia, portanto, não é ainda uma ciência exata e não por uma incapacidade inerente, mas pela dificuldade de determinar com perfeita precisão as reais uniformidades derivadas. Entretanto, combinando as leis das causas principais e das causas secundárias, que são suficientemente conhecidas, com as leis empíricas ou generalizações aproximadas relativas às variações de todos os tipos e que podem ser obtidas pela observação específica, podemos formular proposições gerais que serão verdadeiras em grande parte e sobre as quais, descontando-se os prováveis graus de imprecisão, podemos basear com segurança nossas expectativas e nossas condutas.

§2. *O tipo científico a que corresponde a Ciência da Natureza Humana.*

A ciência da natureza humana se enquadra nesta descrição. Ela está muito longe do modelo de exatidão realizado atualmente na Astronomia, mas não há razão para que não seja uma ciência, como a Tidologia o é, ou como a Astronomia o era quando seus cálculos dominavam apenas os fenômenos principais, mas não as perturbações.

Visto que os fenômenos com os quais esta ciência se relaciona são os pensamentos, sentimentos e ações dos seres humanos, ela teria alcançado o ideal de perfeição de uma ciência se nos permitisse prever como um indivíduo pensaria, sentiria ou agiria no curso de sua vida, com a mesma certeza com que a Astronomia permite predizer as posições e ocultações dos corpos celestes. É desnecessário dizer que nada que se aproxime disto pode ser feito. As ações dos indivíduos não podem ser previstas com exatidão científica, ainda que fosse somente porque não podemos prever a totalidade das circunstâncias em que eles estarão colocados. Mas, além disso, mesmo em uma combinação dada de circunstâncias presentes, não pode ser feita nenhuma afirmação precisa e universalmente verdadeira a respeito da maneira pela qual os seres humanos irão pensar, sentir ou agir. Isto, entretanto, não porque os modos de pensar, sentir e agir das pessoas não dependam de causas; não há dúvida de que se nossos dados, no caso de qualquer indivíduo, pudessem ser completos, sabemos já o suficiente sobre as leis últimas pelas quais os fenômenos mentais são determinados, para poder em muitos casos predizer, com tolerável certeza, quais seriam, no maior número de combinações possíveis de circunstâncias, os sentimentos e a conduta deste indivíduo. Entretanto as impressões e ações dos seres humanos não são somente o resultado de suas circunstâncias presentes, mas o resultado conjunto dessas circunstâncias e do caráter individual. Os fatores que determinam o caráter humano são tão numerosos e diversificados (não há nenhum acontecimento durante o curso de uma vida que não exerça alguma influência) que, no conjunto, nunca são exatamente similares em dois casos quaisquer. Por conseguinte, mesmo se nossa ciência da natureza humana fosse teoricamente perfeita, isto é, mesmo se pudéssemos calcular qualquer caráter como podemos calcular a órbita de um planeta *a partir de certos dados*, ainda assim, como nunca temos todos os dados e como estes jamais são precisamente iguais em casos diferentes, não poderíamos nem fazer predições certas nem formular proposições universais.

Entretanto, muitos dos efeitos que mais importa submeter à previsão e ao controle humano são, como as marés, determinados em um grau incomparavelmente maior pelas causas gerais do que por todas as causas parciais tomadas conjuntamente, dependendo principalmente daquelas circunstâncias e qualidades que são comuns a todos os homens ou, pelo menos, a extensos grupos de homens, e apenas em pequeno grau das idiossincrasias de organização ou da história peculiar dos indivíduos; dessa forma, é evidentemente possível, com respeito a tais efeitos, fazer predições que serão *quase* sempre verificadas e proposições gerais que serão quase sempre verdadeiras. E ainda, sempre que é suficiente saber como irá pensar, agir e sentir a maioria da raça humana ou de alguma nação ou classe de pessoas, essas proposições são equivalentes a proposições universais. Para os propósitos da ciência política e social, isto *é* suficiente. Como observamos anteriormente,[3] nas investigações sociais uma generalização aproximada equivale, para a maior parte das finalidades práticas, a uma generalização exata, pois aquilo que é somente provável quando afirmado de seres humanos individuais indiscriminadamente selecionados é certo quando afirmado do caráter e conduta coletiva das massas.

Portanto, não é nenhum demérito para a ciência da Natureza Humana que as de suas proposições gerais que descem o suficiente nos detalhes para servir de fundamento à predição de fenômenos na realidade sejam, na maior parte, apenas verdades aproximadas. Mas, a fim de dar um caráter genuinamente científico ao estudo, é indispensável que estas generalizações aproximadas, que em si mesmas equivaleriam apenas aos tipos mais inferiores de lei empírica, sejam dedutivamente conectadas com as leis da natureza das quais resultam; é preciso que elas sejam resolvidas nas propriedades das causas de que dependem os fenômenos. Em outras palavras, pode-se dizer que a ciência da Natureza Humana existe na proporção em que as verdades aproximadas que compõem um conhecimento prático do gênero humano puderem ser apresentadas como corolários das leis universais da natureza humana em que se baseiam. Por meio disto, os limites das verdades aproximadas seriam revelados e poderíamos, antecipando-nos à experiência específica, deduzir outras verdades para qualquer novo conjunto de circunstâncias.

A proposição que acabamos de enunciar é o texto cujo comentário será fornecido pelos dois capítulos seguintes.

---

[3] Cf. p. 394. Mill remete o leitor ao Livro III, capítulo XXIII, §7 do *A System of Logic*. Lemos aí que nas investigações que tratam de multidões de indivíduos e não de indivíduos isolados, as generalizações aproximadas podem ser consideradas, para os propósitos da ciência, como generalizações universais. Seria o caso da Ciência Política, que se interessa pelas ações das massas de indivíduos. Bastaria ao homem de Estado saber como age a maior parte das pessoas, pois suas especulações e suas decisões práticas referem-se aos casos em que aquilo que é feito ou sentido pela maior parte das pessoas determina o resultado produzido pela comunidade como um todo. A inferioridade das Ciências Morais em relação às Ciências Exatas é assim desvinculada da natureza da evidência — meramente provável — sobre a qual repousam as proposições daquelas. (N.T.)

CAPÍTULO IV
DAS LEIS DA MENTE

§1. *O que é preciso entender por Leis da Mente.*

É alheio às finalidades deste tratado considerar o que é a Mente, bem como o que é a Matéria ou qualquer outra questão a respeito das Coisas em si mesmas, enquanto distintas de suas manifestações sensoriais. Aqui, como em todo o curso de nossa pesquisa, evitaremos todas as especulações a respeito da natureza da mente e entenderemos por Leis da Mente as leis dos fenômenos mentais, dos vários sentimentos ou estados de consciência dos seres que sentem. Estes estados, de acordo com a classificação que uniformemente seguimos, consistem de Pensamentos, Emoções, Vontades e Sensações, estes últimos sendo, tanto quanto os anteriores, verdadeiros estados da Mente. Certamente, é usual falar das sensações como estados do corpo e não da mente. Mas isto é um exemplo da confusão comum que consiste em dar um único e mesmo nome ao fenômeno e à causa próxima ou condições deste fenômeno. O antecedente imediato de uma sensação é um estado do corpo, mas a sensação mesma é um estado da mente. Se o termo espírito quer dizer alguma coisa, ele significa aquele que sente. Qualquer que seja a opinião adotada a respeito da identidade ou diversidade fundamental da matéria e da mente, sempre permanecerá, como uma questão de classificação, a distinção entre fatos físicos e mentais, entre o mundo externo e interno e, nesta classificação, as sensações, como todos os outros sentimentos, devem ser colocadas entre os fenômenos mentais. O mecanismo de sua produção, tanto no próprio corpo como naquilo que se designa de natureza externa, é tudo o que podemos, com alguma propriedade, classificar como físico.

Os fenômenos da mente são então os vários sentimentos de nossa natureza, tanto aqueles chamados impropriamente de físicos como aqueles particularmente designados de mentais, e, por Leis da Mente, eu quero dizer as leis de acordo com as quais esses sentimentos se causam uns aos outros.

§2. *Há uma Ciência da Psicologia?*

Todos os estados da mente são imediatamente causados ou por outros estados da mente, ou por estados do corpo. Quando um estado da mente é produzido por outro estado da mente, designo a lei concernente ao caso uma Lei da Mente. Quando um estado da mente é produzido diretamente por um estado do corpo, a lei é uma Lei do Corpo e pertence à ciência física.

Em relação àqueles estados da mente chamados de sensações, todos concordam que eles têm por antecedentes imediatos estados do corpo. Toda sensação tem por causa próxima alguma afecção daquela parte de nosso organismo chamada de sistema nervoso, seja essa afecção originada na ação de algum objeto exterior ou em alguma condição patológica da própria organização nervosa. As leis dessa parte de nossa natureza — as variedades de nossas sensações e as condições físicas de que dependem diretamente — pertencem, manifestamente, à província da Fisiologia.

É uma das *vexatae questiones* da ciência da natureza humana saber se os demais estados mentais dependem, igualmente, de condições físicas. Ainda se discute se nossos pensamentos, emoções e vontades são gerados mediante a intervenção de um mecanismo material, se temos órgãos de pensamento e de emoção no mesmo sentido em que temos órgãos de sensação. Muitos fisiologistas eminentes sustentam a afirmativa. Eles argumentam que um pensamento, por exemplo, é, tanto quanto uma sensação, o resultado de uma ação nervosa e que algum estado particular de nosso sistema nervoso, em particular da sua porção central, chamada de cérebro, invariavelmente precede e é pressuposto por todo estado de nossa consciência. De acordo com essa teoria, um estado da mente nunca é realmente produzido por outro: todos são produzidos por estados do corpo. Quando um pensamento parece recordar outro por associação, não é realmente um pensamento que evoca um pensamento; a associação não ocorreu entre os dois pensamentos, mas entre dois estados do cérebro ou dos nervos que precederam os pensamentos: um desses estados evoca o outro e cada um é acompanhado, em sua passagem, pelo estado de consciência particular que é sua consequência. Segundo esta teoria, as uniformidades de sucessão entre os estados da mente seriam meras uniformidades derivadas, resultantes das leis de sucessão dos estados corporais que os causam. Não haveria assim leis mentais originais nem, de forma alguma, Leis da Mente no sentido em que emprego o termo, e a ciência mental seria um mero ramo, ainda que o mais elevado e recôndito, da ciência da Fisiologia. De acordo com isso, o sr. Comte reivindica para os fisiologistas exclusivamente o conhecimento científico dos fenômenos intelectuais e morais e não somente nega à Psicologia ou Filosofia Mental propriamente dita o caráter de ciência mas as coloca, pela natureza quimérica de seus objetos e pretensões, quase ao mesmo nível da Astrologia.[1]

Mas, apesar de tudo o que pode ser dito a esse respeito, é incontestável que existem uniformidades de sucessão entre os estados da mente e que elas podem ser estabelecidas por observação e experimento. Além disso, apesar de ser extremamente provável que todo estado mental tenha um estado nervoso por antecedente imediato, não se pode dizer, até agora, que isto tenha sido provado de maneira conclusiva como pode ser no caso das sensações. Ainda que isto fosse certo, todos devem admitir, entretanto, que ignoramos completamente as características desses estados nervosos, que não sabemos nem temos, atualmente, meios de saber sob que aspectos diferem entre si e que o único modo de estudarmos suas sucessões ou coexistências é observar as sucessões e coexistências dos estados mentais dos quais são, supostamente, os geradores ou causas. Portanto, as sucessões que prevalecem entre os fenômenos mentais não admitem ser deduzidas das leis fisiológicas de nossa organização nervosa e o conhecimento real dessas sucessões deve continuar a ser buscado,

---

[1] Cf. *Cours de Philosophie Positive*. Paris: J. B. Bailliére et Fils, 1869, v. III, Lição 43. (N.E.)

senão sempre, pelo menos por um longo tempo, no estudo direto, por observação e experimento, das próprias sucessões mentais. Assim, visto que a ordem de nossos fenômenos mentais deve ser estudada nestes fenômenos e não inferida das leis de qualquer fenômeno mais geral, há uma Ciência da Mente distinta e separada.

Naturalmente, as relações dessa ciência com a ciência da fisiologia nunca devem ser negligenciadas ou subestimadas. É preciso não esquecer que as Leis da Mente podem ser leis derivadas resultantes de leis da vida animal e que sua verdade, portanto, pode depender, em última instância, de condições físicas; e a influência dos estados ou mudanças fisiológicos na alteração ou neutralização das sucessões mentais constitui uma das partes mais importantes do estudo psicológico. Mas, por outro lado, parece-me um grande erro em princípio e ainda mais grave na prática rejeitar o recurso à análise psicológica e construir a teoria da mente unicamente sobre os dados que a fisiologia atualmente fornece. Por imperfeita que seja a ciência da mente, não hesito em afirmar que ela está muito mais avançada do que a parte correspondente da fisiologia e que abandonar a primeira pela segunda me parece uma infração aos verdadeiros cânones da filosofia indutiva, infração que deve produzir e, de fato, produz, conclusões errôneas em partes importantes da ciência da natureza humana.

§3. *Caracterização das principais investigações da Psicologia.*

A Psicologia tem então por objeto as uniformidades de sucessão, as leis, últimas ou derivadas, de acordo com as quais um estado mental sucede a outro — é causado por outro ou, pelo menos, cuja causa o faz seguir outro estado mental. Dessas leis, algumas são gerais, outras mais especiais. As que seguem são exemplos das leis mais gerais.

Primeira lei: Sempre que um estado de consciência, não importa por qual causa, tenha sido provocado em nós, um grau inferior do mesmo estado de consciência, um estado de consciência semelhante ao primeiro mas inferior em intensidade, é suscetível de ser reproduzido em nós sem a presença de nenhuma causa similar àquela que o provocou inicialmente. Assim, caso tenhamos visto ou tocado uma vez um objeto, podemos depois pensar este objeto ainda que ausente de nossa visão e de nosso tato. Se fomos alegres ou pesarosos em algum acontecimento, podemos pensar ou relembrar nossa alegria ou pesar passados, ainda que nenhum acontecimento novo de natureza feliz ou dolorosa ocorra. Quando um poeta compõe o quadro mental de um objeto imaginário, um Castelo da Indolência, um Una ou um Hamlet,[2] ele pode depois pensar o objeto ideal que criou sem qualquer novo ato de combinação intelectual. Enunciamos esta lei dizendo, na linguagem de Hume, que toda *impressão* mental tem sua *ideia*.

Segunda lei: Essas ideias ou estados mentais secundários são provocados por nossas impressões ou por outras ideias, de acordo com certas leis, chamadas Leis de Associação. De acordo com a primeira dessas leis, ideias similares tendem a se provocar umas às outras. De acordo com a segunda, quando duas impressões foram frequentemente experimentadas (ou mesmo pensadas), simultaneamente ou em sucessão imediata, então, sempre que uma dessas impressões, ou a ideia correspondente, retorna, a ideia da outra tende a ser provocada. De acordo com a terceira lei, a maior intensidade em uma ou nas duas impressões é equivalente, para torná-las aptas a se provocar umas às outras, a uma maior frequência de conjunção. Estas são leis de ideias, sobre as quais não vou me alongar aqui, mas remeter o leitor a obras declaradamente psicológicas, em particular à *Análise dos fenômenos da mente humana,* de James Mill, em que as principais leis de associação, bem como várias de suas aplicações, são exemplificadas abundantemente e com mestria.[3]

---

[2] As referências são a James Thomson, *The Castle of Indolence*; Edmund Spenser, *The Faerie Queene*; e William Shakespeare, *Hamlet*. (N.E.)

[3] Quando este capítulo foi escrito, o professor Bain não havia publicado ainda nem mesmo a primeira parte ("Os sentidos e o intelecto") de seu profundo *Treatise on the Mind*. Neste livro, as leis de associação foram, mais do que em qualquer outro autor, compreensivamente expostas e exemplificadas; e a obra, tendo sido completada pela publicação de "As emoções e a vontade", pode agora ser referida como a mais completa exposição dos fenômenos mentais, sobre a base de uma indução legítima, jamais produzida. Mais recentemente, Bain se juntou a mim para anexar, à nova edição da *Analysis*, notas destinadas a erigir a ciência analítica da Mente aos seus últimos aperfeiçoamentos. Muitas aplicações notáveis das leis de associação para a explicação de fenômenos mentais complexos podem ser encontradas também nos *Principles of Psychology*, de Herbert Spencer. (N.A.)

Essas leis simples ou elementares da Mente foram estabelecidas pelos métodos ordinários de investigação experimental e não poderiam ter sido estabelecidas por qualquer outra maneira. Mas, uma vez estabelecido assim um certo número de leis elementares, constitui um tema legítimo de investigação científica saber até que ponto essas leis podem servir para explicar os fenômenos reais. É óbvio que leis complexas do pensamento e do sentimento não somente podem como devem ser geradas a partir dessas leis simples. Mas deve ser observado que nem sempre temos aqui um caso de Composição de Causas: o efeito das causas concorrentes nem sempre constitui, precisamente, a soma dos efeitos dessas causas quando tomadas em separado e nem mesmo constitui sempre um efeito do mesmo gênero que as causas. Para retornar a uma distinção que ocupa um lugar tão proeminente na teoria da indução, as leis dos fenômenos da mente são algumas vezes análogas às leis mecânicas, mas algumas vezes também às leis químicas.[4] Quando muitas impressões ou ideias operam juntas na mente, ocorre, por vezes, um processo similar a uma combinação química. Quando impressões foram com tal frequência experimentadas em conjunção que cada uma delas evoca pronta e instantaneamente as ideias do grupo todo, essas ideias, por vezes, se misturam e se fundem, aparecendo então não como várias ideias mas como uma única, da mesma forma como as sete cores do prisma, quando apresentadas à vista em rápida sucessão, produzem a sensação

[4] Mill distingue dois modos pelos quais as causas podem concorrer para produzir um efeito. Num deles, o que mais prevalece na natureza, o "efeito conjunto de diversas causas é idêntico à soma de seus efeitos separados". O princípio de composição de forças, em dinâmica, ilustraria este modo. No outro modo, exemplificado pela combinação química e pelas combinações dos elementos que constituem os corpos organizados, a ação conjunta das causas altera as leis que apresentavam quando atuavam em separado e "um conjunto inteiramente novo de efeitos é, ou acrescido, ou toma o lugar daqueles que surgem da ação separada das mesmas causas". Mill extrai consequências metodológicas importantes desta distinção, daí sua importância para a teoria da indução. Assim, enquanto a mecânica pode constituir-se numa ciência dedutiva porque os efeitos de novas combinações de causas podem ser calculados *a priori* a partir das leis de cada uma das causas, a química, ao contrário, não é uma ciência dedutiva ou demonstrativa justamente porque, a cada nova combinação, as causas poderão apresentar leis distintas, ou ainda, porque não podemos prever o efeito que resultará de uma certa combinação de causas a partir das leis que foram estabelecidas para estas causas em outras circunstâncias. Consultar a respeito, *A System of Logic*, Livro III, cap. VI. (N.T.)

de branco. Mas, assim como neste último caso é correto dizer que as sete cores, quando se sucedem rapidamente, *geram* o branco e não são realmente o branco, da mesma forma, parece-me que se deve dizer que a ideia complexa formada pela mistura de várias ideias mais simples, quando aparece como simples (isto é, quando os elementos separados não são suscetíveis de distinção consciente), *resulta das* ou *é gerada pelas* ideias simples e não que *consiste* nestas ideias. Nossa ideia de uma laranja realmente *consiste* em ideias simples de uma certa cor, um certo sabor, aroma e etc. porque podemos, interrogando nossa consciência, distinguir todos esses elementos na ideia. Mas não podemos distinguir, em um sentimento aparentemente tão simples como a percepção da forma de um objeto pela vista, toda a multidão de ideias derivadas dos outros sentidos, sem as quais é certo que nenhuma percepção visual jamais teria existido; tampouco podemos descobrir, em nossa ideia de Extensão, aquelas ideias elementares de resistência, derivadas de nossa estrutura muscular e nas quais foi demonstrado de maneira conclusiva que a ideia se origina. Estes, portanto, são casos de química mental, em que é mais apropriado dizer que as ideias simples geram as ideias complexas do que dizer que elas as compõem.

Com respeito a todos os outros elementos da mente, suas crenças, suas concepções mais abstrusas, seus sentimentos, emoções e volições, há alguns (entre os quais Hartley e o autor da *Análise*) que pensam que são todos gerados a partir de ideias simples de sensações, por meio de uma química similar àquela que acabamos de exemplificar. Estes filósofos provaram grande parte de suas teses, mas não estou convencido de que fundamentaram todas. Eles mostraram que existe algo como a química mental, que a natureza heterogênea de um sentimento A, considerada em relação a B e C, não é argumento conclusivo contra sua geração a partir de B e C. Tendo provado isso, prosseguem mostrando que onde A é encontrado B e C estiveram ou podem ter estado presentes; por que, portanto, perguntam eles, A não teria sido gerado a partir de B e C? Mas, mesmo que essa evidência fosse elevada ao mais alto grau de completude que o caso comporta, mesmo que fosse mostrado (o que ainda não foi feito para todos os casos) que certos grupos de ideias associadas não somente puderam estar, mas realmente estavam presentes sempre que o sentimento mental mais recôndito era experimentado, isso tudo equivaleria apenas ao Método da Concordância e não poderia provar causação até que confirmado pela evidência mais conclusiva do Método da Diferença. Se a questão for a de saber se a Crença é um mero caso de estreita associação de ideias, será necessário examinar experimentalmente se é verdade que quaisquer ideias, quando associadas de maneira suficientemente estreita, originam a crença. Se a investigação for sobre a origem dos sentimentos morais, por exemplo o sentimento de reprovação moral, será necessário comparar todas as variedades de ações ou estados mentais que sempre são moralmente condenadas e examinar se, em todos esses casos, é possível mostrar ou razoavelmente suspeitar, na mente daquele que condena, uma associação conectando a ação ou estado mental com uma classe particular de ideias detestáveis ou odiosas; até aqui o método empregado é o da Concordância. Mas isso não é suficiente. Supondo que isso tenha sido provado, devemos, além disso, tentar saber pelo Método da Diferença se esta classe particular de ideias detestáveis ou odiosas, quando associada com uma ação anteriormente indiferente, torna essa ação motivo de reprovação moral. Se esta questão puder ser respondida afirmativamente, ter-se-á mostrado, como uma lei da mente humana, que uma associação do tipo descrito é a causa geradora da reprovação moral. É extremamente provável que este seja o caso, mas não foram tentados experimentos com o grau de precisão necessário para uma indução completa e absolutamente conclusiva.[5]

Além disso, é preciso recordar que, mesmo que se pudesse provar tudo aquilo que essa teoria dos fenômenos mentais pretende, não estaríamos mais capacitados a resolver as leis dos sentimentos mais complexos nas leis dos sentimentos mais simples. A geração de uma classe de fenômenos mentais a partir de outra, sempre que pode ser estabelecida, é um fato de química psicológica do mais alto interesse,

[5] No caso dos sentimentos morais, o experimento direto é, em larga medida, substituído pela experiência histórica e somos capazes de esboçar, com razoável aproximação à verdade, as associações pelas quais estes sentimentos são engendrados. Isso foi tentado, em relação ao sentimento de justiça, num pequeno trabalho do presente autor, intitulado *Utilitarianism*. (N.A.) Mill está se referindo especificamente ao Capítulo 5, "Da conexão entre justiça e liberdade". (N.E.)

mas não afasta a necessidade de um estudo experimental do fenômeno gerado, da mesma forma que um conhecimento das propriedades do oxigênio e do enxofre não permite deduzir aquelas do ácido sulfúrico sem experimento e observação específicos. Qualquer que seja, portanto, o resultado final da tentativa de considerar a origem de nossos juízos, desejos e vontades a partir de fenômenos mentais mais simples, não será menos indispensável determinar as sequências dos próprios fenômenos complexos, por meio de um estudo especial em conformidade com os cânones da Indução. Assim, em relação à Crença, os psicólogos sempre terão que investigar quais as crenças que temos por consciência direta, as leis de acordo com as quais uma crença produz outra e as leis pelas quais a mente, correta ou erroneamente, reconhece uma coisa como evidência de outra. Em relação ao Desejo, eles terão de examinar quais os objetos que desejamos naturalmente, por quais causas somos levados a desejar coisas originalmente indiferentes ou mesmo desagradáveis a nós e assim por diante. Pode-se observar que as leis gerais de associação prevalecem entre esses estados mais intrincados da mente da mesma forma como prevalecem entre os estados mais simples. Um desejo, uma emoção, uma ideia da mais alta ordem de abstração, mesmo nossos juízos e vontades, quando se tornam habituais, são evocados por associação conforme, precisamente, as mesmas leis que nossas ideias simples.

§4. *A relação dos fatos mentais com as condições físicas.*

No curso dessas investigações, será natural e necessário examinar até que ponto a produção de um estado da mente por outro é influenciada por algum estado determinável do corpo. A observação mais comum mostra que mentes diferentes são suscetíveis em graus diversos à ação das mesmas causas psicológicas. A ideia, por exemplo, de que determinado objeto desejável irá excitar em diferentes mentes desejos com graus de intensidade muito diferentes. O mesmo tema de reflexão, apresentado a diferentes mentes, irá excitar graus desiguais de atividade intelectual. Essas diferenças de suscetibilidade mental em diferentes indivíduos podem ser, primeiro, fatos últimos e originais, segundo, consequências da história mental anterior dos indivíduos, terceiro e finalmente, podem depender das variedades de organização física. Que a história mental prévia do indivíduo tem alguma parte na produção ou modificação de todo o seu caráter mental é uma consequência inevitável das Leis da Mente; mas que diferenças na estrutura corporal também cooperam é a opinião de todos os fisiologistas, confirmada pela experiência comum. Deve-se lamentar que, até agora, essa experiência, aceita de modo grosseiro e sem a devida análise, tenha constituído a base de generalizações empíricas das mais prejudiciais ao progresso do conhecimento real.

É certo que as diferenças naturais que realmente existem nas predisposições ou suscetibilidades mentais de diferentes pessoas não são, frequentemente, sem conexão com diversidades na constituição orgânica. Mas não se segue daí que essas diferenças orgânicas devam em todos os casos influenciar direta e imediatamente os fenômenos mentais. Frequentemente, elas os afetam por intermédio de suas causas psicológicas. Por exemplo, a ideia de um prazer particular pode excitar em diferentes pessoas, independentemente mesmo de hábito ou educação, diferentes intensidades de desejo e isso pode ser o efeito dos diferentes graus ou tipos de suscetibilidade nervosa; mas essas diferenças orgânicas, devemos lembrar, tornarão a própria sensação de prazer mais intensa em uma dessas pessoas do que em outras, de tal forma que a ideia do prazer será também um sentimento mais intenso e irá, por meio da operação de leis meramente mentais, excitar um desejo mais intenso, sem que seja necessário supor que o desejo mesmo é diretamente influenciado pela peculiaridade física. Assim como neste, em muitos casos as diferenças no tipo ou na intensidade das sensações físicas que resultam necessariamente da organização corporal irão, por si mesmas, explicar muitas diferenças de grau e até mesmo de natureza que outros fenômenos mentais apresentam. Isso é tão verdadeiro que mesmo as *qualidades* de mentes diversas, os diferentes tipos de caráter mental, serão naturalmente produzidos por meras diferenças de intensidade nas sensações em geral, como foi muito bem notado pelo sr. Martineau num excelente ensaio sobre o dr. Priestley, mencionado em um capítulo anterior:

"As sensações que formam os elementos de todo conhecimento são recebidas, ou simultaneamente, ou sucessivamente; quando várias são recebidas simultaneamente, como o aroma, o sabor, a cor, a forma etc., de uma fruta, a associação entre elas constitui nossa ideia de um *objeto*; quando recebidas sucessivamente, a associação forma a ideia de um *evento*. Assim, tudo aquilo que favorece as associações de ideias sincrônicas tenderá a produzir um conhecimento de objetos, uma percepção de qualidades, enquanto tudo aquilo que favorece a associação na ordem sucessiva tenderá a produzir um conhecimento de eventos, da ordem das ocorrências e da conexão de causa e efeito; em outras palavras, em um caso o resultado será uma mente perceptiva, com um sentimento distinto das propriedades agradáveis e desagradáveis das coisas, um sentido do sublime e do belo, no outro, uma mente atenta aos movimentos e aos fenômenos, um intelecto raciocinante e filosófico. Ora, é um princípio reconhecido que todas as sensações experimentadas durante a presença de qualquer impressão vívida se tornam fortemente associadas com ela e umas com as outras; não se segue daí que, em uma constituição sensível (isto é, que tem impressões vívidas), os sentimentos sincrônicos estarão mais intimamente fundidos do que em uma mente formada de modo diferente? Se esta sugestão tem algum fundamento, conduz a uma inferência que não é sem importância, a saber, que um indivíduo naturalmente dotado de grande suscetibilidade original se distinguirá provavelmente pelo gosto da história natural, pelo amor às coisas belas e magníficas e pelo entusiasmo moral; enquanto uma sensibilidade apenas medíocre resultará provavelmente no amor à ciência e à verdade abstrata, com uma deficiência de gosto e fervor."[6]

Vemos a partir deste exemplo que, quando as leis gerais da mente forem conhecidas com mais precisão e, sobretudo, aplicadas com mais habilidade na explicação detalhada das peculiaridades mentais, elas darão conta dessas peculiaridades em um número muito maior do que se supõe ordinariamente. Infelizmente, a reação da última geração e da nossa contra a filosofia do século dezoito produziu um desleixo geral nesta parte importante da investigação analítica, cujos progressos recentes não foram, em consequência, de nenhuma forma proporcionais às promessas iniciais. A maioria daqueles que especulam

---

[6] "On the Life, Character and Works of Dr. Priestley", *Monthly Repository*, n. VII, abr. 1833. (N.E.)

sobre a natureza humana preferem assumir dogmaticamente que as diferenças mentais que percebem ou acreditam perceber entre os seres humanos são fatos últimos, impossíveis de serem explicados ou alterados, a assumir a tarefa de se preparar, conforme os processos de pensamento exigidos, para atribuir essas diferenças mentais às causas externas pelas quais são, na maior parte, produzidas e pela remoção das quais cessariam de existir. A escola alemã de especulação metafísica, que ainda não perdeu sua predominância temporária no pensamento europeu, exerceu neste ponto, como em muitos outros, uma influência prejudicial e, no extremo oposto da escala psicológica, nenhum autor é mais imputável por este desvio do verdadeiro espírito científico do que o sr. Comte.

É certo que, nos seres humanos ao menos, diferenças na educação e nas circunstâncias externas são capazes de fornecer uma explicação adequada da maior parte do caráter e que a parte restante pode ser, em grande medida, explicada pelas diferenças físicas nas sensações produzidas em diferentes indivíduos pela mesma causa externa ou interna. Há, entretanto, alguns fatos mentais que não parecem admitir estes modos de explicação. Tais são, para tomar o caso mais saliente, os vários instintos dos animais e a porção da natureza humana que corresponde a esses instintos. Não foi sugerida, nem sequer sob a forma de hipótese, nenhuma maneira satisfatória ou mesmo plausível de explicá-los por meio de causas psicológicas somente; há sérias razões para acreditar que eles têm uma conexão tão positiva e, até mesmo, tão direta e imediata com as condições físicas do cérebro e dos nervos quanto nossas simples sensações. Uma suposição que, talvez não seja supérfluo acrescentar, não entra de nenhum modo em conflito com o incontestável fato de que, por meio de outras influências mentais e pela educação, esses instintos podem ser, em certa medida, modificados ou inteiramente dominados nos seres humanos e, numa medida não desconsiderável, até mesmo em alguns animais domésticos.

A questão de saber se causas orgânicas exercem uma influência direta sobre outras classes de fenômenos mentais está, até o presente, tão longe de ser resolvida como aquela da natureza precisa das condições orgânicas que determinam os próprios instintos. Entretanto, a fisiologia do cérebro e do sistema nervoso faz hoje em dia progressos tão rápidos e está apresentando continuamente resultados tão novos e interessantes, que, se houver realmente uma conexão entre as peculiaridades mentais e certas diversidades na estrutura do aparato nervoso e cerebral perceptíveis aos nossos sentidos, estamos no bom caminho para descobrir a natureza desta conexão. As últimas descobertas na fisiologia cerebral parecem ter provado que, qualquer que seja a conexão que possa existir, ela é de um caráter radicalmente diferente daquela sustentada por Gall e seus seguidores e que, qualquer que venha a ser a verdadeira teoria encontrada no futuro, a frenologia, ao menos, é insustentável.

CAPÍTULO V
DA ETOLOGIA, OU CIÊNCIA DA FORMAÇÃO DO CARÁTER

§1. *As Leis Empíricas da Natureza Humana.*

As Leis da Mente, tal como as caracterizamos no capítulo precedente, compõem a parte universal ou abstrata da filosofia da natureza humana e todas as verdades da experiência comum que constituem um conhecimento prático da humanidade devem, na medida em que são verdades, ser resultados ou consequências dessas leis. Tais máximas familiares, quando obtidas *a posteriori* a partir da observação da vida, ocupam, entre as verdades da ciência, a posição daquilo que, em nossa análise da Indução, discorremos tantas vezes sob o título de Leis Empíricas.

Uma Lei Empírica, recorde-se, é uma uniformidade de sucessão ou de coexistência verdadeira em todas as instâncias dentro dos limites da observação, mas que, por sua própria natureza, não fornece qualquer segurança de que deva ser verdadeira além desses limites, seja porque o consequente não é realmente o efeito do antecedente mas toma parte com este em uma cadeia de efeitos cujas causas anteriores não foram ainda determinadas, seja porque há base para acreditar que a sequência (mesmo sendo um caso de causação) pode ser resolvida em sequências mais simples e, como depende assim da concorrência de vários fatores naturais, está exposta a muitas possibilidades desconhecidas de ação contrária. Em outras palavras, uma lei empírica é uma generalização a propósito da qual, sabendo que sua verdade não é absoluta mas depende de algumas condições mais gerais e que só podemos confiar nela na medida em que há razões assegurando a realização dessas condições, não estamos satisfeitos em verificar sua verdade e somos obrigados a perguntar: por que é verdadeira?[1]

Ora, as observações relativas aos negócios humanos obtidas pela experiência comum são precisamente dessa natureza. Mesmo que elas fossem universalmente e exatamente verdadeiras dentro dos limites da experiência, o que não ocorre jamais, ainda assim elas não são leis últimas da ação humana, não são os princípios da natureza humana, mas os resultados desses princípios nas circunstâncias em que a humanidade esteve colocada. Quando o Salmista disse, impaciente, que "todos os homens são mentirosos",[2] enunciou algo que, em algumas épocas e países, é confirmado por ampla experiência; mas não é uma lei da natureza humana mentir, ainda que seja uma das consequências das leis da natureza humana que a mentira se torne quase universal quando certas circunstâncias externas existem universalmente, especialmente aquelas que produzem o medo e a desconfiança habitual. Quando se afirma que o caráter dos idosos é cauteloso e o dos jovens impetuoso, isto, novamente, é apenas uma lei empírica, pois não é a juventude que faz os jovens impetuosos nem a idade a cautela dos idosos. É principalmente, senão unicamente, porque os idosos, durante sua larga existência, tiveram em geral muitas experiências dos vários males da vida e, tendo sofrido ou visto outros sofrer pela exposição imprudente a tais males, adquiriram associações favoráveis à circunspecção; quanto aos jovens, tanto pela ausência de experiência similar como pela maior força das inclinações que os incitam, tomam a iniciativa mais prontamente. Eis aí, então, a *explicação* da lei empírica e eis aí as condições que, em última análise, determinam se a lei se confirma ou não. Se um homem idoso não esteve em contato com o perigo e a dificuldade com mais frequência do que a maior parte dos jovens, ele será igualmente imprudente;

---

[1] Mill trata da questão da explicação de uma lei por meio de outra no capítulo XII do Livro III de seu *A System of Logic*. No §6 lemos que a explicação de uma lei consiste em submetê-la a uma lei mais geral e que, nesta operação, estamos apenas substituindo um mistério por outro: "não podemos atribuir um porquê para as leis mais extensas, não mais do que para as parciais". Frequentemente, uma explicação resolve um fenômeno com o qual estamos familiarizados e que, portanto, *parece* menos misterioso, em um a respeito do qual sabíamos muito pouco. (N.T.)

[2] Salmos, 116:11. (N.E.)

se um jovem não tem inclinações mais fortes do que um idoso, será provavelmente tão pouco ousado quanto este. A lei empírica deriva toda a sua verdade das leis causais das quais é uma consequência. Se conhecemos essas leis, conhecemos os limites da lei derivada, ao passo que, se ainda não explicamos a lei empírica — se ela se baseia somente na observação —, não há segurança em aplicá-la para além dos limites de tempo, lugar e circunstâncias em que as observações foram feitas.

As verdades realmente científicas, então, não são essas leis empíricas, mas as leis causais que as explicam. As leis empíricas dos fenômenos que dependem de causas conhecidas, e para os quais, portanto, uma teoria geral pode ser construída, não têm na ciência, qualquer que possa ser seu valor na prática, outra função além de verificar as conclusões da teoria. Com mais razão será este o caso quando as leis empíricas, mesmo nos limites da observação, equivalerem apenas a generalizações aproximadas.

§2. *As Leis Empíricas da Natureza Humana são apenas generalizações aproximadas. As leis universais são as da formação do caráter.*

Esta, porém, não é tanto, como por vezes se supõe, uma peculiaridade das ciências chamadas morais. É somente nos ramos mais simples da ciência que as leis empíricas são exatamente verdadeiras e, mesmo nestes, nem sempre. A Astronomia, por exemplo, é a mais simples de todas as ciências que explicam, concretamente, o curso real dos eventos naturais. As causas ou forças de que dependem os fenômenos astronômicos são menos numerosas do que aquelas que determinam qualquer outro fenômeno importante da natureza. Em consequência, como cada efeito resulta do conflito de poucas causas apenas, pode-se esperar que exista um alto grau de regularidade e uniformidade entre os efeitos; de fato, isto ocorre: eles têm uma ordem fixa e se repetem ciclicamente. Mas proposições que expressassem, com absoluta correção, todas as posições sucessivas de um planeta até a complementação do ciclo seriam de uma complexidade quase impossível de manejar e só poderiam ser obtidas a partir da teoria. As generalizações que podem ser obtidas pela observação direta, mesmo aquelas como a lei de Kepler, são meras aproximações: os planetas, devido a suas perturbações mútuas, não se movem em elipses exatas. Assim, mesmo na Astronomia, não se deve esperar exatidão perfeita nas leis empíricas; muito menos, então, nos objetos de investigação mais complexos.

O mesmo exemplo mostra quão pouco pode ser inferido contra a universalidade, ou mesmo a simplicidade, das leis últimas a partir da impossibilidade de se estabelecer algo mais do que leis empíricas aproximadas dos efeitos. As leis de causação de acordo com as quais são produzidos os fenômenos de uma certa classe podem ser poucas e simples e, entretanto, os efeitos poderão ser tão variados e complicados que será impossível descobrir qualquer regularidade que se estenda a eles de forma completa. Pois o fenômeno em questão pode ser de um caráter eminentemente modificável, de tal maneira que inumeráveis circunstâncias seriam capazes de influenciar o efeito e, entretanto, todas poderiam fazê-lo de acordo com um pequeno número de leis. Suponha que tudo aquilo que se passa na mente de um homem seja determinado por umas poucas leis simples: ainda assim, se essas leis forem tais que todos os fatos que se produzem em torno de um ser humano, ou todos os eventos que lhe acontecem, não deixam de influenciar, de algum modo ou em algum grau, toda a sua história mental subsequente e, além disso, se as circunstâncias de diferentes seres humanos são extremamente diferentes, então, não é de se surpreender que poucas proposições válidas para toda a humanidade possam ser feitas a respeito dos detalhes da conduta e dos sentimentos dos homens.

Ora, sem decidir se as leis últimas de nossa natureza mental são muitas ou poucas, é certo, ao menos, que elas se enquadram na descrição acima. É certo que nossos estados mentais, nossas capacidades e suscetibilidades mentais são modificadas, temporária ou permanentemente, por tudo aquilo que nos acontece na vida. Considerando, portanto, o quanto essas causas modificadoras diferem no caso de dois indivíduos quaisquer, seria pouco razoável esperar que as leis empíricas da natureza humana, as generalizações que podem ser feitas a respeito dos sentimentos ou ações dos seres humanos sem referência às causas que as determinam, pudessem ser algo mais do que generalizações aproximadas. Elas constituem o saber comum da vida ordinária e, como tais, são inestimáveis, principalmente porque estão destinadas, na maioria das vezes, a ser aplicadas a casos não muito distintos daqueles a partir dos quais foram obtidas. Mas máximas desse tipo estão sujeitas ao erro quando, obtidas a partir dos ingleses, são aplicadas aos franceses, ou quando, obtidas a partir do presente, são aplicadas às gerações passadas ou futuras. A menos que se tenha resolvido a lei empírica nas leis das causas de que dependem e averiguado que essas causas se estendem ao caso que temos em vista, nenhuma confiança pode ser depositada em nossas inferências. Pois as circunstâncias ambientes diferem para cada indivíduo, para cada nação ou geração da humanidade e nenhuma dessas diferenças deixa de ter influência na formação de um tipo distinto de caráter. De fato, há também uma certa semelhança geral, mas as particularidades das circunstâncias estão continuamente constituindo exceções, mesmo para as proposições que são verdadeiras na grande maioria dos casos.

Mas ainda que dificilmente exista algum modo de sentimento ou conduta que seja, no sentido absoluto, comum a toda humanidade e ainda que as generalizações que afirmam a universalidade de uma variedade de conduta ou sentimento (por mais que se aproxime da verdade dentro dos limites dados de observação) não possam ser consideradas como proposições científicas por ninguém familiarizado com a investigação científica, não obstante, todos os modos de sentimento e conduta encontrados no gênero humano são produzidos por causas e, nas proposições que assinalam essas causas, serão encontradas a explicação das leis empíricas e o princípio que limita a confiança que depositamos nelas. Os seres humanos não sentem e agem todos da mesma maneira nas mesmas circunstâncias, mas é possível determinar o que faz uma pessoa, numa dada situação, sentir ou agir de certo modo, uma outra, de outro modo, e é possível determinar como se formou ou pode ter se formado qualquer modo dado de agir ou sentir compatível com as leis gerais (físicas e mentais) da natureza humana. Em outras palavras, a humanidade não tem um caráter universal, mas existem leis universais da Formação do Caráter. E visto que é por meio dessas leis, combinadas com os fatos de cada caso particular, que se produzem todos os fenômenos da ação e do sentimento humanos, é delas que deve partir toda tentativa racional de erigir a ciência da natureza humana na realidade e com finalidades práticas.

§3. *As leis da formação do caráter não podem ser estabelecidas por observação e experimento.*

Sendo, então, as leis da formação do caráter o principal objeto do estudo científico da natureza humana, resta determinar o método de investigação mais adequado para estabelecê-las. Os princípios lógicos de acordo com os quais essa questão deve ser decidida são aqueles que presidem qualquer outra tentativa de investigar as leis de fenômenos muito complexos. É evidente que tanto o caráter de um ser humano como o conjunto das circunstâncias que formam seu caráter são fatos da mais alta complexidade. Ora, para tais casos, vimos que o Método Dedutivo, partindo de leis gerais e verificando suas consequências pela experiência específica, é o único aplicável. Os fundamentos desta importante doutrina lógica foram formulados anteriormente e sua verdade receberá suporte adicional com um breve exame das particularidades do caso presente.

Há somente dois modos pelos quais as leis da natureza podem ser estabelecidas: dedutivamente e experimentalmente, incluindo-se, sob a denominação de investigação experimental, tanto a observação como o experimento artificial. As leis da formação do caráter são suscetíveis de uma investigação satisfatória pelo método de experimentação? Evidentemente não; porque, mesmo supondo um poder ilimitado para variar o experimento (o que é possível abstratamente, ainda que somente um déspota oriental talvez possua tal poder e, caso efetivamente possua, estaria ele disposto a exercê-lo), falta uma condição ainda mais essencial: o poder de realizar qualquer dos experimentos com precisão científica.

As instâncias necessárias para a execução de uma investigação experimental direta sobre a formação do caráter seriam diversos seres humanos criados e educados desde a infância até a idade madura;

para executar qualquer desses experimentos com rigor científico, seria necessário conhecer e registrar toda sensação ou impressão recebida pelo jovem pupilo desde um período muito anterior ao da fala, incluindo suas próprias noções a respeito das fontes de todas essas sensações e impressões. Ora, é impossível fazer isso, não só completamente, mas nem mesmo de uma maneira razoavelmente aproximada. Uma circunstância aparentemente trivial que eludiu nossa vigilância pode introduzir uma série de impressões e associações que serão suficientes para viciar o experimento enquanto prova autêntica da derivação de efeitos a partir de determinadas causas. Ninguém que tenha refletido suficientemente sobre educação ignora esta verdade e quem ainda não o fez poderá encontrá-la ilustrada de modo bastante instrutivo nos escritos que Rousseau e Helvetius dedicaram a esta importante questão.

Dada esta impossibilidade de estudar as leis da formação do caráter por meio de experimentos planejados com a intenção de elucidá-las, resta o recurso à simples observação. Mas, se é impossível estabelecer, de modo ao menos aproximado, as circunstâncias que influenciam, até mesmo quando nós as planejamos, muito mais impossível será quando os casos são menos acessíveis à nossa observação e estão completamente fora de nosso controle. Considere a dificuldade do primeiro passo — estabelecer, em cada caso particular examinado, qual é realmente o caráter do indivíduo. É difícil que não exista, em relação a partes essenciais do caráter de qualquer pessoa viva, diferenças de opinião até mesmo entre seus conhecidos íntimos e não será uma ação isolada ou uma conduta seguida apenas por um curto período que nos fará avançar muito no sentido de lhe determinar o caráter. Não podemos fazer nossas observações senão de um modo aproximado e *en masse*, sem procurar determinar completamente, em qualquer instância dada, qual o caráter formado e, ainda menos, por quais causas, mas atentando apenas para as circunstâncias prévias nas quais certas qualidades ou deficiências mentais marcadas foram encontradas com mais frequência. Essas conclusões, além de constituírem meras generalizações aproximadas, não merecem, nem mesmo enquanto tais, nenhuma confiança, a menos que as instâncias sejam numerosas o bastante para eliminar, não apenas o acaso, mas toda circunstância determinável pela qual um certo número de casos examinados poderia apresentar uma semelhança acidental. Além disso, as circunstâncias que formam o caráter individual são tão numerosas e variadas que a consequência de qualquer combinação particular dificilmente é um caráter definido e fortemente marcado, sempre encontrado quando a combinação existe e nunca em outra ocasião. O que é obtido, mesmo após a mais extensa e precisa observação, é um resultado meramente comparativo como, por exemplo, o de que, em um número de franceses tomados indiscriminadamente, serão encontradas mais pessoas com uma certa tendência mental e menos com a tendência contrária do que entre um número igual de italianos ou ingleses tomados da mesma forma; ou assim: de cem franceses e um igual número de ingleses, imparcialmente escolhidos e arranjados segundo o grau em que possuem uma característica mental particular, será encontrado que cada número, 1, 2, 3 etc., de uma das séries possuirá mais daquela característica do que o número correspondente da outra. Assim, visto que não há comparação de qualidades, mas de taxas e graus, e visto que quanto mais ligeiras as diferenças maior o número de instâncias necessárias para eliminar o acaso, será raro que alguém venha a conhecer um número suficiente de casos com a precisão necessária para fazer o tipo de comparação mencionada; menos do que isso, entretanto, não constituiria uma indução real. É assim que dificilmente existe uma opinião corrente a respeito do caráter das nações, classes, ou pessoas que seja universalmente reconhecida como indiscutível.[3]

[3] Os casos mais favoráveis para o estabelecimento de tais generalizações aproximadas são aqueles que podem ser chamados de instâncias coletivas, em que, afortunadamente, somos capazes de observar toda a classe investigada em ação e de julgar, a partir das qualidades reveladas pelo corpo coletivo, quais devem ser as qualidades da maioria dos indivíduos que o compõem. Dessa forma, o caráter de uma nação é revelado em seus atos enquanto nação; não tanto nos atos de seus governos, pois estes são muito influenciados por outras causas, mas nas máximas populares correntes e em outras marcas da direção geral da opinião pública, no caráter das pessoas ou dos escritos que são objeto de estima e admiração permanentes, nas leis e instituições, na medida em que sejam obras da própria nação ou sejam por ela reconhecidas e sustentadas e assim por diante. Mas mesmo aqui há uma larga margem de dúvida e incerteza. Estas coisas estão sujeitas à influência de muitas circunstâncias: elas são parcialmente determinadas pelas qualidades distintivas da nação ou corpo de pessoas, mas parcialmente também por causas externas que influenciariam da mesma maneira qualquer outro corpo de pessoas. De modo, portanto, a tornar o

Finalmente, mesmo que pudéssemos obter, pela via experimental, uma segurança muito mais satisfatória em relação a essas generalizações do que aquela que é realmente possível, ainda assim elas seriam apenas leis empíricas. Elas mostrariam, de fato, que houve alguma conexão entre o tipo de caráter formado e as circunstâncias existentes no caso, mas não qual foi, precisamente, a conexão, nem a quais particularidades dessas circunstâncias o efeito foi realmente devido. Portanto, elas poderiam ser recebidas apenas como resultados de causação, necessitando ser resolvidas nas leis gerais das causas: antes da determinação destas últimas, não podemos julgar os limites em que as leis derivadas podem servir como presunções nos casos ainda desconhecidos e nem mesmo confiar em sua permanência nos casos em que foram obtidas. Os franceses tinham, ou supostamente tinham, um certo caráter nacional, mas eis que expulsam a família real e a aristocracia, alteram as instituições, passam, durante quase um século, por uma série de eventos extraordinários e, ao final desse período, se constata que seu caráter sofreu importantes mudanças. Uma longa lista de diferenças mentais e morais entre homens e mulheres é observada ou suposta, mas num futuro que, pode-se ter a esperança, não está distante, uma igual liberdade e uma posição social igualmente independente virá a ser possuída por ambos e, assim, suas diferenças de caráter serão ou removidas, ou totalmente alteradas.

Mas, se as diferenças que acreditamos observar entre franceses e ingleses, ou entre homens e mulheres, podem ser conectadas com leis mais gerais; se concordarem com os resultados que se podem esperar das diferenças de governo, costumes anteriores e peculiaridades físicas nas duas nações ou que se pode esperar das diversidades de educação, ocupação, independência pessoal, privilégios sociais e quaisquer diferenças originais que podem existir na força e na sensibilidade nervosa entre os dois sexos;[4] então, de fato, a coincidência dos dois

experimento realmente completo nós devemos ser capazes de tentá-lo, sem variação, em outras nações: experimentar como os ingleses agiriam ou sentiriam se colocados nas mesmas circunstâncias em que os franceses estão, supostamente, colocados; em suma, aplicar o Método da Diferença tanto como o da Concordância. Ora, não podemos tentar esses experimentos nem mesmo de forma aproximada. (N.A.)

[4] *Variante* (nota): Em relação às referidas diferenças físicas, devemos assinalar que, ao colocá-las entre as causas que produzem diferenças no caráter moral e mental, não se deve supor que

tipos de evidência nos autoriza a acreditar que tanto raciocinamos como observamos corretamente. Tendo estabelecido não apenas as leis empíricas, mas as causas das peculiaridades, não há dificuldade em julgar até que ponto podemos contar com a permanência daquelas ou por quais circunstâncias elas seriam modificadas ou destruídas.

§4. *As leis da formação do caráter devem ser estudadas dedutivamente.*

Visto, portanto, que é impossível obter apenas pela observação e pelo experimento proposições realmente precisas a respeito da formação do caráter, somos necessariamente levados àquele modo de investigação que, mesmo que não fosse indispensável, teria sido o mais perfeito e cuja extensão é um dos principais objetivos da filosofia; isto é, àquele modo que tenta seus experimentos não sobre os fatos complexos, mas sobre os fatos simples que os compõem e que, após estabelecer as leis das causas cuja composição dá origem aos fenômenos complexos, considera se estas não explicam e dão conta das generalizações aproximadas que foram formadas empiricamente a respeito das sequências desses fenômenos complexos. As leis da formação do caráter são, em suma, leis derivadas resultantes das leis gerais da mente e, para obtê-las, devemos deduzi-las dessas leis gerais, supondo um conjunto dado um conjunto qualquer de circunstâncias e considerando então qual será, de acordo com as Leis da Mente, a influência dessas circunstâncias na formação do caráter.

Uma ciência é assim formada, a qual eu proporia dar o nome de Etologia ou Ciência do Caráter, a partir de ἦθος, que é, de todas as palavras da língua grega, aquela que corresponde mais exatamente ao termo caráter, tal como o emprego aqui. O nome é talvez etimologicamente aplicável à ciência inteira de nossa natureza mental e moral, mas se, como é usual e conveniente, aplicarmos o nome de Psicologia à ciência das leis elementares da mente, o de

elas sejam tomadas como causas últimas. Aquelas diferenças físicas podem ser totalmente os efeitos de um longo curso de circunstâncias externas, como em grande medida pode-se provar; e nem elas nem os atributos morais e mentais que tendem a produzir podem ser mais inevitáveis ou irrevogáveis do que os resultados das contingências.

Etologia servirá à ciência ulterior que determine o tipo de caráter produzido, em conformidade com essas leis gerais, por qualquer conjunto de circunstâncias físicas e morais. De acordo com essa definição, a Etologia é a ciência que corresponde à arte da educação no sentido mais amplo do termo, incluindo tanto a formação do caráter nacional ou coletivo como do caráter individual. É certo que, por mais completa que seja a determinação das leis da formação da caráter, seria infundado esperar poder conhecer tão exatamente as circunstâncias de um caso dado qualquer para sermos capazes de predizer positivamente o caráter que seria produzido no caso. Mas devemos recordar que um grau de conhecimento insuficiente para autorizar uma predição efetiva é, frequentemente, de grande valor prático. Pode-se dispor de um grande poder de influenciar os fenômenos por meio de um conhecimento bastante imperfeito das causas pelas quais eles são, em qualquer instância dada, determinados. É suficiente saber que certos meios têm uma tendência para produzir um dado efeito e que outros têm a tendência para frustrá-lo. Quando as circunstâncias de um indivíduo ou de uma nação estão, em um grau considerável, sob nosso controle, podemos, pelo conhecimento das tendências, estar capacitados a arranjar essas circunstâncias de uma maneira muito mais favorável aos fins que desejamos do que o arranjo que elas assumiriam por si mesmas. Esse é o limite de nosso poder, mas, dentro desse limite, é um poder dos mais importantes.

Esta ciência da Etologia pode ser chamada a Ciência Exata da Natureza Humana, pois suas verdades não são, como as leis empíricas que delas dependem, generalizações aproximadas, mas leis reais. Como em todos os casos de fenômenos complexos, é, entretanto, necessário, à exatidão das proposições, que elas sejam apenas hipotéticas e afirmem tendências, não fatos. Elas não devem afirmar algo que sempre ou certamente irá ocorrer, mas somente que o efeito de uma dada causa, na medida em que opera sem ser contrariada, é tal e tal. É uma proposição científica que a força física tende a fazer os homens corajosos, não que sempre os faça assim; que um interesse em um lado de uma questão tende a enviesar o julgamento, mas não que invariavelmente o faça; que a experiência tende a dar prudência, não que este seja sempre o seu efeito. Estas proposições, afirmando apenas tendências, não são menos universalmente verdadeiras porque as tendências podem ser frustradas.

§5. *Os princípios da Etologia são os* axiomata media *da ciência mental.*

Enquanto, por uma lado, a Psicologia é inteiramente ou principalmente uma ciência de observação e experimento, a Etologia, tal como a concebi e tal como já observei, é inteiramente dedutiva. Uma determina as leis simples da Mente em geral, a outra investiga as operações dessas leis em combinações complexas de circunstâncias. A relação da Etologia com a Psicologia é muito similar àquela entre os vários ramos da filosofia natural e a mecânica. Os princípios da Etologia são propriamente princípios médios, os *axiomata media* (como Bacon teria dito) das ciências da mente, já que se distinguem, por um lado, das leis empíricas resultantes da simples observação e, por outro, das generalizações superiores.

Este parece ser o local adequado para uma observação lógica cuja aplicação, embora geral, é de particular importância para a questão presente. Bacon observou judiciosamente que os *axiomata media* de uma ciência qualquer constituem seu principal valor.[5] As generalizações inferiores, até que explicadas e resolvidas nos princípios médios dos quais são consequências, possuem apenas a exatidão imperfeita das leis empíricas, enquanto as leis mais gerais são *muito* gerais e incluem poucas circunstâncias para dar uma indicação suficiente do que ocorre nos casos individuais, quando as circunstâncias são, quase sempre, imensamente numerosas. Portanto, quanto à importância que Bacon atribui, em toda ciência, aos princípios médios, é impossível não concordar com ele. Mas eu o considero radicalmente errado em sua doutrina quanto ao modo pelo qual esses *axiomata media* devem ser alcançados; e, entretanto, de todas as proposições formuladas em suas obras, não há nenhuma que tenha sido elogiada com mais extravagância. Ele enuncia como uma regra universal que a indução deve passar dos princípios inferiores para os princípios médios e, destes,

---

5 *Novum Organum*, Livro I, Aforisma 104. (N.E.)

para os superiores, nunca revertendo a ordem e, consequentemente, não deixando nenhum lugar para a descoberta de novos princípios por meio da dedução. Não se conceberia que um homem de sua sagacidade tenha podido cair neste erro se existisse em seu tempo, entre as ciências que tratam dos fenômenos sucessivos, um só exemplo de uma ciência dedutiva, como são hoje a mecânica, a astronomia, a ótica, a acústica etc. Nestas ciências é evidente que os princípios médios e superiores não são de nenhuma forma derivados dos inferiores, mas o contrário. Em algumas delas, as próprias generalizações superiores foram as primeiras a ser estabelecidas com alguma exatidão científica como, por exemplo, as leis do movimento em mecânica. É certo que essas leis gerais não tinham, no início, a reconhecida universalidade que adquiriram após terem sido aplicadas, com sucesso, na explicação de muitas classes de fenômenos para os quais, originalmente, não pareciam aplicáveis como, por exemplo, quando as leis do movimento foram empregadas, em conjunção com outras leis, para explicar dedutivamente os fenômenos celestes. Permanece, entretanto, o fato de que as proposições reconhecidas posteriormente como as verdades mais gerais da ciência foram, de todas as suas generalizações exatas, as primeiras alcançadas. Portanto, o grande mérito de Bacon não pode consistir, como se diz frequentemente, em ter desacreditado o vicioso método, adotado pelos antigos, de se lançar primeiro às generalizações superiores e deduzir delas os princípios médios, visto que este procedimento não é nem vicioso nem está desacreditado, mas é, ao contrário, o método reconhecido da ciência moderna e ao qual ela deve seus maiores triunfos. O erro da antiga especulação não consistiu em fazer as mais amplas generalizações primeiro, mas em fazê-las sem a ajuda ou a garantia de rigorosos métodos indutivos e em aplicá-las dedutivamente sem o indispensável emprego daquela importante parte do Método Dedutivo chamada Verificação.

A ordem em que devem ser estabelecidas as verdades de diferentes graus de generalidade não pode, ao que me parece, ser prescrita por qualquer regra inflexível. Não conheço nenhuma máxima sobre a questão, a não ser obter primeiro aquelas a respeito das quais as condições de uma indução real possam ser mais prontamente e mais completamente satisfeitas. Ora, sempre que nossos meios de investigação podem alcançar as causas sem nos deter nas leis empíricas dos efeitos, os casos mais simples, sendo aqueles em que menos causas estão simultaneamente envolvidas, serão os mais acessíveis ao processo indutivo; são esses os casos que trazem à tona as leis mais compreensivas. Em toda ciência, portanto, que atingiu o estágio no qual se torna uma ciência de causas, será usual, bem como desejável, obter primeiro as generalizações superiores e então deduzir delas as mais especiais. O único fundamento que posso descobrir para a máxima baconiana, tão enaltecida por escritores subsequentes, é este: antes de tentar explicar dedutivamente, a partir de leis mais gerais, qualquer nova classe de fenômenos, é desejável que se tenha ido tão longe quanto possível no estabelecimento das leis empíricas desses fenômenos, de modo a poder comparar os resultados da dedução não com uma instância individual após outra, mas com proposições gerais que expressem os pontos de concordância encontrados entre muitas instâncias. Pois se Newton tivesse sido obrigado a verificar a teoria da gravitação deduzindo dela, não as leis de Kepler, mas todas as posições planetárias observadas de que Kepler se serviu para estabelecer aquelas leis, a teoria newtoniana nunca teria saído da condição de hipótese.[6]

Está fora de dúvida a aplicabilidade destas observações ao caso especial que consideramos. A ciência da formação do caráter é uma ciência de causas. O objeto é um daqueles aos quais os cânones de indução, que servem para estabelecer leis causais, podem ser

[6] "Ao que", diz o dr. Whewell, "podemos acrescentar, a partir da história da questão, que nesse caso a hipótese nunca teria sido imaginada". dr. Whewell (*Philosophy of Discovery*, pp. 277-282) defende, contra as restrições precedentes, a regra de Bacon. Mas sua defesa consiste somente em afirmar e exemplificar uma proposição que eu já havia declarado, a saber, que as generalizações mais largas, ainda que possam ser as primeiras estabelecidas, não são, no início, percebidas em sua inteira generalidade, mas a adquirem por graus, à medida que se descobre que elas explicam, uma após outra, diversas classes de fenômenos. Não se sabia, por exemplo, que as leis do movimento se estendiam às regiões celestes antes que os movimentos dos corpos celestes fossem delas deduzidos. Isto, entretanto, não afeta de nenhuma forma o fato de que os princípios médios da Astronomia, a força central, por exemplo, e a lei do quadrado inverso, não poderiam ter sido descobertos se as leis do movimento, que são muito mais universais, não tivessem sido conhecidas primeiro. No sistema baconiano da generalização passo a passo, seria impossível, em qualquer ciência, elevar-se acima das leis empíricas; uma observação amplamente sustentada pelas Tabelas Indutivas do próprio dr. Whewell, citadas por ele em suporte de seu argumento. (N.A.)

rigorosamente aplicados. É portanto natural e aconselhável estabelecer primeiro as leis causais mais simples, que são necessariamente as mais gerais, e deduzir delas os princípios médios. Em outras palavras, a Etologia, ciência dedutiva, é um sistema de corolários da Psicologia, ciência experimental.

§6. *Caracterização da Etologia.*

Dessas duas ciências, apenas a mais antiga tem sido, até agora, realmente concebida ou estudada como uma ciência; a outra, a Etologia, ainda está por ser criada. Mas sua criação se tornou, finalmente, viável. As leis empíricas, destinadas a verificar suas deduções, têm sido abundantemente formadas em cada uma das épocas sucessivas da humanidade e as premissas para as deduções são hoje suficientemente completas. Com exceção do grau de incerteza que ainda subsiste quanto à extensão das diferenças naturais das mentes individuais e quanto às circunstâncias físicas de que essas diferenças podem depender (ponderações que são de importância secundária quando estamos considerando a humanidade em média ou *en masse*), eu acredito que os juízes mais qualificados concordarão que as leis gerais dos diferentes elementos constituintes da natureza humana estão, mesmo agora, suficientemente compreendidas para tornar possível a um pensador capacitado deduzir, a partir dessas leis e com uma aproximação considerável à certeza, o tipo particular de caráter que seria, em geral, formado na humanidade por qualquer conjunto assumido de circunstâncias. Uma ciência da Etologia, fundada nas leis da Psicologia, é portanto possível, ainda que, até agora, pouco tenha sido feito nesse sentido e, mesmo este pouco, de modo não sistemático. O progresso desta ciência tão importante e tão imperfeita dependerá de um duplo processo: o primeiro consiste em deduzir teoricamente as consequências etológicas das circunstâncias particulares de posição e compará-las com os resultados reconhecidos da experiência comum; o segundo consiste na operação inversa, no crescente estudo dos vários tipos de natureza humana que podem ser encontrados no mundo, conduzido por pessoas capazes não apenas de analisar e registrar as circunstâncias em que esses tipos prevalecem, mas também suficientemente familiarizadas com as leis psicológicas para poder explicar e dar conta das características do tipo pelas particularidades das circunstâncias, o resíduo somente, se se prova que há algum, sendo debitado na conta das predisposições congênitas.

Quanto à parte experimental ou *a posteriori* deste processo, os materiais estão se acumulando continuamente pela observação da humanidade. No que se refere ao raciocínio, o grande problema da Etologia é o de deduzir, a partir das leis gerais da Psicologia, os princípios médios necessários. O objeto a ser estudado é a origem e as fontes de todas aquelas qualidades humanas que são de interesse para nós, seja enquanto fatos a serem produzidos, evitados ou meramente compreendidos, e seu objetivo é determinar, a partir das leis gerais da mente combinadas com a posição geral de nossa espécie no universo, as combinações de circunstâncias que são capazes de promover ou impedir a produção destas qualidades. Uma ciência que possui princípios médios desse tipo, arranjados na ordem, não das causas, mas dos efeitos que se deseja produzir ou evitar, está devidamente preparada para ser o fundamento da Arte correspondente. Quando a Etologia estiver assim preparada, a educação prática consistirá na mera transformação daqueles princípios em um sistema paralelo de preceitos e na adaptação destes à soma total das circunstâncias existentes em cada caso particular.

É necessário apenas repetir que, como em toda outra ciência dedutiva, a verificação *a posteriori* deve prosseguir *pari passu* com a dedução *a priori*. A inferência autorizada pela teoria quanto ao tipo de caráter que seria formado por quaisquer circunstâncias dadas deve ser testada pela experiência específica destas circunstâncias sempre que elas possam ser obtidas, e as conclusões da ciência como um todo devem ser submetidas a uma contínua verificação e correção pelas observações gerais sobre a natureza humana, fornecidas, para nossa própria época, pela experiência comum e, para os tempos passados, pela História. As conclusões da teoria não merecem confiança a menos que confirmadas pela observação e, as da observação, a menos que possam ser dedutivamente ligadas à teoria por meio das leis da natureza humana e de uma cuidadosa análise da situação particular. É o acordo desses dois tipos de evidência separadamente alcançados — a consonância do raciocínio *a priori* e da experiência específica — que forma a única base suficiente para os princípios de qualquer ciência que, como a Etologia, está demasiadamente "imersa nos fatos" e lida com fenômenos tão complexos e concretos.

CAPÍTULO VI
CONSIDERAÇÕES GERAIS SOBRE A CIÊNCIA SOCIAL

§1. *Os Fenômenos Sociais constituem objeto de Ciência?*

Imediatamente após a ciência do homem individual vem a ciência do homem em sociedade, a ciência das ações de massas coletivas de homens e dos diversos fenômenos que constituem a vida social. Se a formação do caráter individual já é um objeto de estudo complexo, muito mais complexo deve ser, pelo menos aparentemente, este outro objeto, pois o número de causas concorrentes, todas exercendo uma influência maior ou menor sobre o efeito total, é maior, na medida mesma em que uma nação ou a espécie inteira oferece, à operação dos agentes psicológicos e físicos, uma superfície mais vasta do que qualquer indivíduo isolado. Se foi necessário provar, contra um preconceito existente, que o mais simples desses objetos é capaz de ser objeto de ciência, o preconceito será, provavelmente, mais forte ainda contra a possibilidade de conferir um caráter científico ao estudo da Política e dos fenômenos da Sociedade. Assim, é apenas recentemente que a concepção de uma ciência política ou social ocorreu em alguma parte que não fosse a mente de um pensador isolado, geralmente muito mal preparado para sua realização, ainda que o objeto mesmo tenha atraído, mais do que todos os outros, a atenção geral e tenha sido, quase desde a origem dos tempos históricos, tema de discussões sérias e interessadas.

De fato, a condição da política como um ramo do conhecimento foi até recentemente, e, mesmo hoje, dificilmente deixou de ser, aquela que Bacon assinalou criticamente como o estado natural de toda ciência cujo cultivo está abandonado aos práticos e que, não sendo conduzida como um ramo da investigação especulativa, mas tendo em vista apenas as exigências da prática diária, almeja os *fructifera experimenta* quase que com a exclusão dos *lucifera*.[1] Tal era a condição da investigação médica antes que a fisiologia e a história natural começassem a ser cultivadas como ramos do conhecimento geral. As únicas questões examinadas eram qual dieta é saudável ou qual medicamento irá curar dada doença, sem qualquer investigação sistemática prévia sobre as leis da nutrição e sobre a ação mórbida e sã dos diferentes órgãos, leis das quais o efeito de qualquer dieta ou medicamento deve, evidentemente, depender. Em política, questões similares atraíram a atenção geral: tal medida legal ou tal forma de governo é ou não benéfica para alguma comunidade particular ou universalmente? Abordava-se a questão sem qualquer investigação prévia acerca das condições gerais que determinam a operação das medidas legislativas ou os efeitos produzidos pelas formas de governo.[2] Os estudiosos da política tentam, assim, estudar a patologia e a terapêutica do corpo social antes de assentar o fundamento necessário na fisiologia correspondente. Tentam curar a doença sem entender as leis da saúde. O resultado foi aquele que sempre ocorre quando as pessoas, por mais competentes que sejam, tentam lidar com as questões complexas de uma ciência antes que suas verdades mais simples e elementares tenham sido estabelecidas.

Considerando que os fenômenos da sociedade foram raramente contemplados de um ponto de vista característico da ciência, não é de admirar que a filosofia da sociedade tenha feito um progresso insignificante e contenha poucas proposições gerais suficientemente

---

[1] *Novum Organum*, Livro I, Aforisma 99. (N.E.)
[2] *Variante* (parágrafo): Mesmo dentre os poucos que conduziram suas especulações àquele importante ponto, foi apenas numa data mais recente que os fenômenos sociais começaram a ser considerados como tendo tendências naturais próprias. Não é um exagero dizer que, usualmente, a sociedade tem sido considerada, tanto pelos praticantes da política como pelos filósofos que especulam sobre as formas de governo, de Platão a Bentham, como aquilo que os homens que a compõem escolheram torná-la. As únicas questões que as pessoas pensavam em se propor eram: seria benéfica tal lei ou instituição? e, caso fosse, poderiam os legisladores e o público ser persuadidos ou induzidos a adotá-la? Pois dificilmente cogitou-se qualquer noção de que haveria limites ao poder da vontade humana sobre a sociedade ou de que os arranjos sociais que seriam desejáveis poderiam, pela incompatibilidade com as propriedades do objeto, ser impraticável. Supunha-se que o único obstáculo estava nos interesses privados ou nos preconceitos que impediriam os homens de se disporem a ver tais arranjos tentados.

certas e precisas para que os investigadores reconheçam nelas um caráter científico. Daí a noção vulgar de que toda pretensão de formular verdades gerais sobre a política e a sociedade é charlatanismo e de que nenhuma universalidade e certeza são alcançáveis em tais matérias. O que justifica parcialmente esta noção comum é que, em certo sentido, ela não carece verdadeiramente de fundamento. Uma larga proporção daqueles que reivindicam o título de filósofos políticos procuram não determinar sequências universais, mas formar preceitos universais. Eles imaginam uma forma de governo ou um sistema de leis que se ajuste a todos os casos, uma pretensão digna do ridículo com que é tratada pelos práticos e completamente condenada pela analogia com a arte da qual a política, pela natureza de seus objetos, mais se aproxima. Ninguém hoje supõe a possibilidade de que um único remédio possa curar todas as doenças ou até a mesma doença em todas as constituições e hábitos corporais.

Não é necessário à perfeição de uma ciência que a arte correspondente possua regras universais ou mesmo gerais. Os fenômenos da sociedade podem depender completamente de causas conhecidas, o modo de ação de todas essas causas pode ser reduzido a leis de considerável simplicidade sem que, por isso, seja possível tratar dois casos da mesma maneira. A variedade de circunstâncias de que dependem os resultados em diferentes casos pode ser tão vasta que a arte não pode fornecer um único preceito geral, exceto o de estar atento às circunstâncias do caso particular e adaptar nossas medidas aos efeitos que, de acordo com os princípios da ciência, resultam dessas circunstâncias. Mas ainda que seja impossível, em uma classe tão complicada de objetos, formular máximas práticas de aplicação universal, não se segue que os fenômenos não obedeçam a leis universais.

§2. Qual deve ser a natureza da Ciência Social.

Todos os fenômenos da sociedade são fenômenos da natureza humana, gerados pela ação de circunstâncias externas sobre massas de seres humanos: se, portanto, os fenômenos do pensamento, do sentimento e da ação humanas estão sujeitos a leis fixas, os fenômenos da sociedade só podem se conformar a leis fixas, que são consequências das precedentes. Não há, de fato, nenhuma esperança de que essas leis, mesmo que nosso conhecimento delas fosse tão certo e completo como o é na Astronomia, autorize-nos a predizer a história da sociedade, como a dos fenômenos celestes, por milhares de anos vindouros. Entretanto, a diferença quanto à certeza não está nas próprias leis, mas nos dados aos quais estas leis são aplicadas. Na Astronomia as causas que influenciam o resultado são em pequeno número, variam pouco e, este pouco, de acordo com leis conhecidas; podemos determinar quais são estas causas hoje e, assim, determinar quais serão numa época qualquer de um futuro distante. Portanto, os dados, em Astronomia, são tão certos como as próprias leis. Ao contrário, as circunstâncias que influenciam a condição e o progresso da sociedade são inumeráveis, estão em perpétua variação e, ainda que todas variem em obediência a causas e, portanto, de acordo com leis, a multidão de causas é tão grande que desafia nossos limitados poderes de cálculo. Acrescente-se que a impossibilidade de aplicar números precisos a fatos dessa espécie colocaria um limite intransponível à possibilidade de calculá-los antecipadamente, ainda que os poderes do intelecto humano fossem, de outro modo, adequados à tarefa.

Mas, como já observamos, um grau de conhecimento completamente insuficiente para a predição pode ser de grande valor para a orientação prática. A ciência da sociedade teria alcançado um elevado grau de perfeição se nos permitisse, em qualquer situação dada das questões sociais, na situação da Europa, por exemplo, ou de qualquer nação europeia contemporânea, compreender por meio de que causas esta nação chegou a ser aquilo que é, em todas as suas particularidades; saber se estaria tendendo para alguma mudança e qual seria esta; conhecer os efeitos que cada característica de seu estado atual provavelmente produziria no futuro e por quais meios estes efeitos poderiam ser prevenidos, modificados, antecipados ou, ainda, como uma classe diferente de efeitos poderia ser introduzida. Não há nada de quimérico na esperança de que leis gerais, suficientes para nos permitir responder estas várias questões em relação a qualquer país ou tempo cujas circunstâncias particulares nos sejam bem familiares, possam ser estabelecidas e de que os outros ramos do conhecimento humano, pressupostos neste empreendimento, estejam bastante avançados para que tenha chegado o momento de iniciá-lo. Tal é o objeto da Ciência Social.

Visto que a natureza do que eu considero o verdadeiro método da ciência pode se tornar mais palpável mostrando-se primeiro o que este não é, será conveniente caracterizar brevemente duas concepções radicalmente equivocadas do modo apropriado de filosofar a respeito da sociedade e do governo, um ou outro dos quais é acolhido de modo explícito ou, com mais frequência, inconsciente, por quase todos aqueles que têm especulado ou discutido a respeito da lógica da política, desde que a ideia de tratá-la de acordo com regras estritas e conforme princípios baconianos tornou-se corrente entre os pensadores mais avançados. Esses métodos errôneos, se é que a palavra método pode ser aplicada a tendências errôneas que surgem da ausência de qualquer concepção suficientemente precisa de método, podem ser chamados de modo de investigação Experimental ou Químico e modo Abstrato ou Geométrico. Começaremos com o primeiro.

CAPÍTULO VII
DO MÉTODO QUÍMICO OU EXPERIMENTAL NA CIÊNCIA SOCIAL

§1. *Características do modo de pensamento que deduz doutrinas políticas a partir da experiência específica.*

As leis dos fenômenos da sociedade não são nem podem ser outra coisa senão as ações e paixões dos seres humanos unidos entre si em estado de sociedade. Entretanto os homens, em um estado de sociedade, são ainda homens; suas ações e paixões obedecem às leis da natureza humana individual. Os homens não são, quando reunidos, transformados em outro tipo de substância com propriedades diferentes, como o hidrogênio e o oxigênio são diferentes da água, ou como o hidrogênio, o oxigênio, o carbono e o azoto são diferentes dos nervos, músculos e tendões. Os seres humanos em sociedade não têm outras propriedades além daquelas que são derivadas e que podem ser resolvidas nas leis da natureza do homem individual. Nos fenômenos sociais, a Composição de Causas é a lei universal.

Ora, o método de filosofar que pode ser chamado de químico negligencia esse fato e procede como se a natureza do homem como indivíduo não tomasse parte nas operações dos seres humanos em sociedade, ou tomasse parte em um grau muito pequeno. Todo raciocínio acerca de questões políticas e sociais baseado em princípios da natureza humana é condenado e qualificado, por pensadores desse tipo, de "teoria abstrata". Para a direção de suas opiniões e condutas, eles alegam exigir, em todos os casos sem exceção, uma experiência específica.

Esta maneira de pensar não é geral apenas entre os que se dedicam à prática política e (num assunto que ninguém, por mais ignorante, se considera incompetente para discutir) naquela numerosa classe que alega tomar por guia antes o senso comum do que a ciência, mas é frequentemente apoiada por pessoas com grandes pretensões à instrução — pessoas que, tendo suficiente familiaridade com os livros e com as ideias correntes para saber que Bacon ensinou a humanidade a seguir a experiência e basear suas conclusões em fatos e não em dogmas metafísicos, pensam que, tratando os fatos políticos com um método tão diretamente experimental como o aplicado aos fatos químicos, estão se mostrando verdadeiros baconianos e provando que seus adversários são meros manipuladores de silogismos e escolásticos. Como, entretanto, a noção da aplicabilidade dos métodos experimentais à filosofia política não pode coexistir com qualquer concepção adequada desses métodos, os tipos de argumento a partir da experiência que a teoria química apresenta como seus frutos (e que formam, sobretudo nesse país, o principal da oratória parlamentar e eleitoral) são tais que não seriam admitidos como válidos em nenhuma época desde Bacon, nem na própria química nem em qualquer outro ramo da ciência experimental. Argumentos tais como os seguintes: a proibição de mercadorias estrangeiras deve conduzir à riqueza nacional porque a Inglaterra floresceu sob ela ou porque, em geral, os países que a adotaram floresceram; nossas leis, nossa administração interna ou nossa constituição são, pela mesma razão, excelentes; e os eternos argumentos a partir de exemplos históricos, extraídos de Atenas ou Roma, dos incêndios de Smithfield ou da Revolução Francesa.

Não vou perder tempo refutando modos de argumentação que, possivelmente, não enganariam a ninguém que tivesse um mínimo de prática na avaliação da evidência, argumentos que extraem conclusões de aplicação geral a partir de uma única instância não analisada ou que, sem qualquer processo de eliminação ou comparação de instâncias, arbitrariamente referem um efeito a alguns de seus antecedentes. É uma regra tanto de justiça como de bom senso não lutar contra a forma mais absurda de uma opinião errônea, mas contra a mais razoável. Vamos supor nosso pesquisador familiarizado com as verdadeiras condições da investigação experimental e competente no que diz respeito à habilidade para realizá-las, na medida em que podem ser realizadas. Ele saberá dos fatos históricos tudo o que a mera erudição pode ensinar, tudo o que pode ser provado pelo testemunho sem o auxílio de qualquer teoria e, se esses simples fatos, devidamente comparados, podem satisfazer as condições de uma indução real, ele estará qualificado para a tarefa.

Mas, como mostramos abundantemente no capítulo décimo do Livro Terceiro, semelhante tentativa não pode ter a menor possibilidade de êxito. Naquela ocasião, examinamos se os efeitos que dependem de uma complicação de causas podem ser objeto de uma verdadeira indução por observação e experimento e concluímos, com as razões mais convincentes, que não podem. Visto que, de todos os efeitos, nenhum depende de uma complicação tão grande de causas como os fenômenos sociais, poderíamos, com toda segurança, apoiar nosso argumento na demonstração precedente. Mas um princípio lógico até agora tão pouco familiar aos pensadores comuns precisa ser enfatizado mais de uma vez para produzir a devida impressão; além disso, o presente caso, sendo aquele que, de todos os outros, exemplifica isso com mais força, será vantajoso reproduzir as razões da máxima geral em sua aplicação às características especiais da classe de investigações sob consideração.

§2. *Na Ciência Social os experimentos são impossíveis.*

A primeira dificuldade que encontramos na tentativa de aplicar métodos experimentais para estabelecer as leis dos fenômenos sociais é que não temos os meios de fazer experimentos artificiais. Mesmo que pudéssemos efetuar experimentos livremente e repeti-los indefinidamente, o faríamos em condições extremamente desvantajosas, tanto porque seria impossível determinar e tomar nota de todos os fatos de cada caso, como porque, estando esses fatos em estado de perpétua mudança, algumas circunstâncias importantes sempre teriam deixado de ser as mesmas antes que tenha passado tempo suficiente para determinar o resultado do experimento. Mas é desnecessário considerar as objeções lógicas que existiriam contra o caráter conclusivo de nossos experimentos, pois não temos, evidentemente, o poder de tentar nenhum. Nós podemos apenas observar aqueles que a natureza produz ou que são produzidos por outras razões. Não podemos adaptar nossos recursos lógicos às nossas necessidades variando as circunstâncias conforme as exigências da eliminação. Se as instâncias espontaneamente formadas pelos eventos contemporâneos e pelas sucessões de fenômenos relatados na história fornecerem uma variação suficiente das circunstâncias, é possível alcançar uma indução a partir da experiência específica, de outra forma, não. Toda a questão, portanto, é a de saber se as exigências para uma indução relativa às causas dos efeitos políticos ou às propriedades dos fatores políticos são satisfeitas pela história, incluindo-se, nesse termo, a história contemporânea. Para fixar nossas concepções, será aconselhável supor essa questão formulada em referência a algum objeto especial de investigação ou controvérsia política, tal como aquele frequente tema de debate nesse século, o da influência, sobre a riqueza nacional, de uma legislação comercial proibitiva e restritiva. Seja esta, então, a questão científica a ser investigada pela experiência específica.

§3. O Método da Diferença é inaplicável.

Para aplicar a esta questão o mais perfeito dos métodos de investigação experimental, o Método da Diferença, precisamos encontrar duas instâncias que concordem em todos os detalhes exceto naquele que é objeto de investigação. Se podem ser encontradas duas nações semelhantes em todas as vantagens e desvantagens naturais, cujos povos se assemelham em todas as qualidades, físicas e morais, espontâneas e adquiridas, cujos hábitos, usos, opiniões, leis e instituições são as mesmas em todos os aspectos, exceto que uma delas tem uma tarifa mais protecionista ou interfere mais com a liberdade de indústria; se constatamos que uma dessas nações é rica e a outra pobre, ou uma é mais rica do que a outra, então isso será um *experimentum crucis* — uma prova real, pela experiência, que permite decidir qual dos dois sistemas é mais favorável às riquezas nacionais. Mas a suposição de que duas instâncias como essas possam ser encontradas é manifestamente absurda. Uma tal coincidência não é possível nem mesmo abstratamente. Duas nações que concordassem em tudo, exceto na política comercial, concordariam neste aspecto também. Diferenças de legislação não são diversidades últimas e inerentes — não são propriedades de espécies naturais.[1] Elas são efeitos de causas preexistentes. Se duas nações diferem nesta parte de suas instituições, isto provém de alguma diferença em sua situação e, portanto, em seus interesses manifestos ou em alguma parte de suas opiniões, hábitos e tendências. Essa diferença abre a perspectiva de uma série ilimitada de outras diferenças, capazes de influir na prosperidade industrial da nação, bem como em qualquer característica de sua situação, de modos tão variados que desafiam a enumeração e a imaginação. Há assim uma impossibilidade demonstrada de satisfazer, nas investigações da Ciência Social, as condições que a forma mais conclusiva de investigação pela experiência específica exige.

Na falta do método direto podemos tentar em seguida, como em outros casos, o recurso suplementar que chamamos anteriormente de Método Indireto da Diferença.[2] Este método, em lugar de comparar duas instâncias que não diferem em nada a não ser na presença ou ausência de uma dada circunstância, compara duas *classes* de instâncias, numa das quais as instâncias concordam apenas na presença de uma circunstância e, na outra, apenas na ausência desta circunstância. Para escolher o caso concebível mais vantajoso (vantajoso demais para ser obtido), suponha que comparemos uma nação que tem uma política restritiva com duas ou mais nações que concordam apenas em permitir o livre comércio. Não precisamos agora supor que essas nações concordam com a primeira em todas as suas circunstâncias; uma delas pode concordar com a primeira em algumas de suas circunstâncias e a outra nas circunstâncias remanescentes. Pode-se argumentar que, se essas nações permanecem mais pobres do que a nação restritiva, isso não se deve à falta do primeiro ou do segundo grupo de circunstâncias, mas à falta do sistema protecionista. Se (nós poderíamos dizer) a nação restritiva prosperou a partir de um grupo

---

[1] Distinções entre espécies naturais (*Kind*) são aquelas que "não consistem em um número dado de propriedades definidas mais os efeitos que seguem destas, mas que atravessam toda a natureza, todos os atributos das coisas assim distinguidas". Consultar a respeito, *A System of Logic*, Livro I, cap. 7, §4 e Livro IV, cap. 7. (N.T.)

[2] Consultar a respeito, *A System of Logic*, Livro III, cap. 8, §4. (N.T.)

de causas, a primeira das nações que permitem o livre-comércio teria igualmente prosperado e, se prosperou em razão do outro grupo de causas, a segunda nação também teria prosperado; mas nenhuma dessas prosperou: portanto, a prosperidade era devido às restrições. Deve-se conceder que este é um exemplo muito favorável, em política, de argumento pela experiência específica e que, se for inconclusivo, não será fácil encontrar outro melhor.

Entretanto, quase não há necessidade de mostrar que é inconclusivo. Por que a nação próspera deve ter prosperado a partir de uma causa exclusivamente? A prosperidade nacional é sempre o resultado coletivo de inúmeras circunstâncias favoráveis e, dessas, a nação restritiva pode reunir um número maior do que qualquer uma das outras, ainda que possa ter, com uma ou com outra, todas aquelas circunstâncias em comum. Sua prosperidade pode ser devida, em parte, a circunstâncias comuns a ela e a uma das nações e, em parte, a circunstâncias que compartilha com a outra das nações, enquanto que estas, tendo cada uma delas apenas metade do número de circunstâncias favoráveis, permaneceram inferiores. Assim, a cópia mais fiel que pode ser feita, em Ciência Social, de uma indução legítima a partir da experiência específica oferece tão-somente a aparência ilusória de uma prova conclusiva, sem qualquer valor real.

§4. *O Método da Concordância e o Método das Variações Concomitantes são inconclusivos.*

Estando assim o Método da Diferença em uma ou outra de suas formas completamente fora de cogitação, resta o Método da Concordância. Mas já sabemos quão débil é o valor deste método nos casos que admitem Pluralidade de Causas; ora, os fenômenos sociais são aqueles em que a pluralidade prevalece no mais alto grau.

Suponha que o observador se depare com a mais feliz das combinações imagináveis de acasos, que ele encontre duas nações que não concordam em nenhuma circunstância, exceto a de que ambas possuem um sistema restritivo e são prósperas, ou uma série de nações, todas prósperas, que não têm nenhuma circunstância antecedente comum a não ser a de que possuem uma política restritiva. É desnecessário considerar a impossibilidade de se estabelecer pela história ou mesmo pela observação contemporânea que isso realmente ocorra, que duas nações não concordam em nenhuma outra circunstância capaz de influenciar o caso. Vamos supor que essa impossibilidade foi superada e estabelecido o fato de que elas concordam somente no sistema restritivo como antecedente e na prosperidade industrial como consequente. Até que ponto isso pode fortalecer a presunção de que o sistema restritivo causou a prosperidade? Até um ponto tão irrisório que podemos tomá-lo como equivalente a nada. Concluir que algum antecedente é a causa de um certo efeito porque todos os outros antecedentes foram suscetíveis de eliminação é uma inferência legítima somente se o efeito pode ter apenas uma causa. Se admite várias, é natural que cada uma delas, tomada isoladamente, possa ser eliminada. Ora, no caso dos fenômenos políticos, a suposição de uma causa única não somente diverge da verdade como se separa dela por uma distância incomensurável. As causas de todos os fenômenos sociais com os quais estamos particularmente interessados, a segurança, a riqueza, a liberdade, o bom governo, a moralidade pública, a cultura geral ou seus contrários são infinitamente numerosas, especialmente as causas remotas ou externas, unicamente acessíveis, na maior parte, à observação direta. Nenhuma causa é suficiente, por si só, para produzir qualquer um desses fenômenos, enquanto que há numerosas causas que têm alguma influência sobre eles e que podem cooperar em sua produção ou em sua prevenção. Portanto, do mero fato de termos sido capazes de eliminar alguma circunstância, não podemos, de nenhuma forma, inferir que essa circunstância não colaborou para o efeito em algumas das próprias instâncias em que foram eliminadas. Podemos concluir que o efeito é algumas vezes produzido sem ela, mas não que, quando presente, ela não contribui com sua parte.

Objeções similares se aplicam ao Método das Variações Concomitantes. Se as causas que agem sobre o estado de qualquer sociedade produzissem efeitos de natureza diferente, se a riqueza dependesse de uma causa, a paz de outra, uma terceira tornasse as pessoas virtuosas, uma quarta inteligentes poderíamos, ainda que incapazes de separar as causas uma das outras, referir a cada uma delas aquela propriedade do efeito que aumentaria quando ela aumentasse e que diminuiria quando ela diminuísse. Mas cada atributo do corpo social é influenciado por inumeráveis causas e tal é a ação mútua dos elementos coexistentes da sociedade que tudo aquilo que afetar qualquer um dos mais importantes dentre eles irá, por meio deste, afetar os outros, se não diretamente, pelo menos indiretamente. Portanto, como os efeitos dos diferentes fatores não são diferentes em qualidade e como a quantidade de cada um deles é o resultado misto de todos os fatores, as variações do agregado não podem manter uma proporção uniforme com aquelas de qualquer uma de suas partes componentes.

§5. *O Método dos Resíduos também é inconclusivo e pressupõe a Dedução.*

Resta o Método dos Resíduos, que parece, à primeira vista, menos estranho a esse tipo de investigação que os outros três, pois exige apenas uma observação cuidadosa das circunstâncias de um país ou estado de sociedade. Assim, descontando-se o efeito de todas as causas cujas tendências são conhecidas, o resíduo que estas causas não explicam pode ser plausivelmente atribuído às circunstâncias remanescentes que sabemos ter existido no caso. Este método é um tanto similar àquele que Coleridge[3] afirma ter seguido em seus ensaios políticos no *Morning Post*. "Diante de um grande acontecimento, eu tratava de descobrir na história passada o evento que mais se assemelhava a ele. Consultava, sempre que possível, os historiadores contemporâneos, os memorialistas e os autores de panfletos. Estabelecendo então cuidadosamente a proporção das diferenças e semelhanças, conforme a balança pendesse para um lado ou para o outro, eu conjecturava que o resultado seria o mesmo ou diferente. Foi o que fiz, por exemplo, na série de ensaios intitulada 'Uma comparação da França sob Napoleão com a Roma dos primeiros Césares' e nos que se seguiram, 'Da provável restauração final dos Bourbons'. Adotei o mesmo plano e com o mesmo êxito para o início da Revolução Espanhola, tomando a guerra das Províncias-Unidas contra Filipe II como a

---

[3] *Biografia literária*, v. I, 214. (N.A.)

base de comparação". Nessa investigação Coleridge empregou, sem dúvida, o Método dos Resíduos, pois, ao "estabelecer a proporção das diferenças e semelhanças", ele não se contentou em enumerá-las, mas as ponderou: sem dúvida ele tomou apenas aqueles pontos de concordância cuja natureza presumia ser capaz de influenciar o efeito e, descontando esta influência, concluía que o restante do resultado poderia ser atribuído aos pontos de diferença.

Qualquer que possa ser a eficácia desse método, ele não é, como já observamos anteriormente, um método de pura observação e experimento. Ele não conclui a partir de uma comparação de instâncias, mas da comparação de uma instância com o resultado de uma indução anterior. Aplicado aos fenômenos sociais, esse método pressupõe que as causas das quais uma parte do efeito procede já são conhecidas; ora, como mostramos que estas não podem ter sido conhecidas pela experiência específica, é preciso que seu conhecimento tenha sido obtido pela dedução a partir de princípios da natureza humana, a experiência sendo consultada apenas como um recurso suplementar para explicar as causas que produziram um resíduo inexplicado. Mas se podemos recorrer aos princípios da natureza humana para o estabelecimento de algumas verdades políticas, podemos fazê-lo para todas. Se é admissível dizer que a Inglaterra prosperou em razão do sistema protecionista porque, após descontar todas as outras tendências que estiveram operando, ainda há uma parcela de prosperidade a ser explicada, então deve ser admissível remontar à mesma fonte no que concerne ao efeito do sistema protecionista e examinar qual explicação as leis dos motivos e das ações humanas permitem dar das tendências *deste* sistema. De fato, o argumento experimental não é mais do que a verificação de uma conclusão extraída dessas leis gerais. Pois podemos subtrair o efeito de uma, duas, três ou quatro causas, mas nunca teremos êxito em subtrair o efeito de todas as causas exceto uma; além disso, seria um curioso exemplo dos perigos de uma cautela excessiva se, para evitar o emprego de um raciocínio *a priori* a respeito do efeito de uma única causa, nos obrigássemos a recorrer a tantos raciocínios *a priori* distintos quanto forem as causas que cooperam com aquela causa particular em uma instância determinada.

Caracterizamos suficientemente o grave erro implicado nessa concepção do modo de investigação próprio aos fenômenos políticos que chamei de Método Químico. Uma discussão tão extensa não teria sido necessária se a pretensão de decidir, de maneira legítima, a respeito de doutrinas políticas estivesse confinada a pessoas que estudaram com competência qualquer um dos ramos superiores da ciência física. Mas a maior parte daqueles que pensam sobre questões políticas, satisfatoriamente para si mesmos e para um círculo mais ou menos numeroso de admiradores, nada conhecem a respeito dos métodos de investigação física além de uns poucos preceitos tirados a Bacon, que continuam a repetir como papagaios, inteiramente inconscientes de que a concepção baconiana de investigação científica já fez o seu trabalho e que a ciência avançou agora para um estágio superior. Haverá então provavelmente muitos aos quais observações como as precedentes poderão ainda ser úteis. Numa era em que a própria Química, quando procura tratar das sequências químicas mais complexas, aquelas do organismo animal ou mesmo vegetal, julgou necessário e conseguiu se tornar uma Ciência Dedutiva, não se deve recear que qualquer pessoa de hábitos científicos e que se manteve a par do progresso geral do conhecimento científico corra o risco de aplicar os métodos da química elementar para explorar as sequências da mais complexa ordem de fenômenos existentes.

CAPÍTULO VIII
DO MÉTODO GEOMÉTRICO OU ABSTRATO

§1. *Características deste modo de pensamento.*

O equívoco discutido no capítulo anterior é cometido principalmente, como dissemos, por pessoas que não estão muito habituadas com a investigação científica: praticantes da política, que preferem antes empregar os lugares comuns da filosofia para justificar suas práticas do que tentar conduzi-las por meio de princípios filosóficos, ou pessoas cuja educação é imperfeita e que, ignorando a cuidadosa seleção e a elaborada comparação de instâncias exigidas para a formação de uma teoria válida, procuram assentar uma teoria em um pequeno número de coincidências percebidas casualmente.

O método errôneo de que vamos tratar agora é, ao contrário, próprio de mentes reflexivas e estudiosas. Tal método só poderia surgir em pessoas com alguma familiaridade com a natureza da pesquisa científica; pessoas que, conscientes da impossibilidade de estabelecer, pela observação casual ou pela experimentação direta, uma verdadeira teoria de sequências tão complexas como são aquelas dos fenômenos sociais, recorrem às leis mais simples que são imediatamente operantes nesses fenômenos, isto é, às leis da natureza dos seres humanos aí implicados. Esses pensadores compreendem (o que escapa aos partidários da teoria experimental ou química) que a ciência da sociedade deve ser necessariamente dedutiva. Mas porque não refletiram suficientemente sobre a natureza específica do objeto e porque a geometria, em consequência de uma educação científica incompleta, permanece em suas mentes como o modelo de toda ciência dedutiva, é à Geometria e não à Astronomia e à Filosofia Natural, que eles, inconscientemente, assimilam a ciência dedutiva da sociedade.

De todas as diferenças entre a Geometria (uma ciência de fatos coexistentes, completamente independente das leis de sucessão dos fenômenos[1]) e aquelas ciências físicas de causação que se tornaram dedutivas, uma das mais salientes é a seguinte: na Geometria não há lugar para aquilo que ocorre constantemente na Mecânica e nas suas aplicações, a saber, o conflito de forças, a ação de causas que se contrariam e se modificam mutuamente. Em Mecânica nós encontramos, a todo instante, duas ou mais forças motrizes que produzem, não o movimento, mas o repouso, ou um movimento numa direção diferente daquela que teria sido produzida por qualquer uma das forças geradoras. É verdade que o efeito das forças combinadas quando agem simultaneamente é o mesmo do que quando agem uma após a outra ou em intervalos; é nisto que consiste a diferença entre leis mecânicas e químicas. Mas ainda assim os efeitos, sejam eles produzidos por uma ação simultânea ou por uma ação sucessiva, se cancelam, no todo ou em parte, uns aos outros: aquilo que uma força faz, a outra, parcial ou completamente, desfaz. Não há nenhum estado de coisas similar na Geometria. O resultado que segue de um princípio geométrico não tem nada que conflite com o resultado que segue de outro. O que foi provado verdadeiro a partir de um teorema geométrico, o que seria verdadeiro se nenhum outro princípio geométrico existisse, não pode ser alterado e deixar de ser verdadeiro em razão de algum outro princípio geométrico. O que foi uma vez provado verdadeiro é verdadeiro em todos os casos, qualquer que seja a suposição que se possa fazer a respeito de outras questões.

Ora, uma concepção similar a essa parece ter sido formada a respeito da Ciência Social na mente dos primeiros que tentaram cultivá-la por meio de um método dedutivo. A Mecânica seria uma ciência muita similar à Geometria se todo movimento resultasse de uma força apenas e não de um conflito de forças. Na teoria geométrica da sociedade, parece que se supõe que isto realmente ocorra com os

---

[1] Segundo Mill, "os fenômenos da natureza mantêm duas relações distintas entre si: a de simultaneidade e a de sucessão". As leis do número são comuns aos fenômenos sucessivos e aos simultâneos, enquanto as leis da Geometria expressam somente o modo de coexistência entre as várias partes do espaço e dos objetos que o preenchem. Consultar a respeito, *A System of Logic*, Livro III, cap. V, §1. (N.T.)

fenômenos sociais: cada um deles resultaria sempre de uma única força, uma única propriedade da natureza humana.

No ponto que alcançamos agora, é desnecessário dizer qualquer coisa para provar ou ilustrar a asserção de que este não é o verdadeiro caráter dos fenômenos sociais. Dentre esses fenômenos, que são os mais complexos e, por essa razão, os mais modificáveis que existem, não há nenhum sobre o qual inumeráveis forças não exerçam influência e que não dependa de uma conjunção de muitas causas. Não é preciso, portanto, provar que a noção em questão é um erro, mas que esse erro foi cometido, que uma concepção tão equivocada do modo pelo qual os fenômenos da sociedade são produzidos tenha sido efetivamente adotada.

§2. *Exemplos do Método Geométrico.*

Uma numerosa parte dos pensadores que trataram dos fatos sociais de acordo com métodos geométricos, não admitindo qualquer modificação de uma lei por outra, deve ser, no momento, deixada de lado, porque neles este erro se complica e é o efeito de outro equívoco fundamental que já notamos de passagem e que será tratado mais amplamente antes de concluirmos. Refiro-me àqueles que deduzem conclusões políticas não das leis da natureza ou das sequências dos fenômenos, reais ou imaginárias, mas de máximas práticas inflexíveis. Tais são, por exemplo, todos aqueles que fundam sua teoria política no que se chama de direito abstrato, isto é, em preceitos universais, pretensão cuja natureza quimérica já assinalamos. Tais são, igualmente, aqueles que fazem a suposição de um contrato social ou de qualquer outra espécie de obrigação original e a aplicam aos casos particulares por meio de simples interpretação. O erro fundamental aqui está na tentativa de tratar uma arte como uma ciência e de obter uma arte dedutiva, tentativa cuja irracionalidade será mostrada num capítulo posterior. Será conveniente tomar nossa exemplificação da teoria geométrica àqueles pensadores que evitaram esse erro adicional e que, por isso, possuem uma ideia mais justa da natureza da investigação política.

Podemos citar, em primeiro lugar, aqueles que assumem, como princípio de sua filosofia política, que o governo está fundado no medo, que o temor mútuo é o único motivo pelo qual os seres humanos foram originalmente conduzidos a um estado de sociedade e são ainda mantidos nele. Alguns dos primeiros investigadores científicos da política, em particular Hobbes, assumiram essa proposição, não por implicação, mas como o fundamento declarado de sua doutrina e procuraram construir sobre ela uma completa filosofia política. É verdade que Hobbes não considerou esta única máxima suficiente para conduzi-lo através da totalidade de seu objeto, mas foi obrigado a ampliá-la com o duplo sofisma de um contrato original. Eu digo um duplo sofisma pois, de uma parte, toma uma ficção por um fato e, de outra parte, assume um princípio ou preceito prático como a base de uma teoria, o que constitui uma *petitio principii*, já que, como notamos ao tratar desta Falácia,[2] toda regra de conduta, mesmo uma tão obrigatória como o cumprimento de uma promessa, deve ter seus fundamentos em uma teoria do objeto e a teoria, portanto, não pode se apoiar nela.

§3. *A filosofia do interesse da escola de Bentham.*

Deixando de lado casos menos importantes, passo imediatamente ao mais notável exemplo, em nossos tempos, do método geométrico em política, oferecido por pessoas conscientes da distinção entre ciência e arte, sabedoras de que as regras de conduta devem seguir e não preceder o estabelecimento das leis da natureza e de que estas últimas, e não as primeiras, constituem o campo de aplicação

---

[2] Consultar a respeito, *A System of Logic*, Livro V, cap. 7, §2. Lemos aí que, "uma das espécies mais notáveis de raciocínio circular é a doutrina de Hobbes, Rousseau e outros, que apoiam as obrigações pelas quais os seres humanos estão vinculados enquanto membros da sociedade em um suposto contrato social (...). Quando Hobbes, no *Leviatã*, deduz elaboradamente a obrigação de obedecer ao soberano, não a partir da utilidade ou da necessidade de se proceder assim, mas de uma suposta promessa que teria sido feita por nossos antepassados, é impossível não replicar com a pergunta: por que estamos obrigados a manter uma promessa que outros teriam feito por nós, ou por que estamos obrigados a manter uma promessa qualquer?" (N.T.)

legítimo do método dedutivo. Refiro-me à filosofia do interesse da escola de Bentham.

Os perspicazes e originais pensadores conhecidos normalmente sob essa denominação fundaram sua teoria geral do governo em uma premissa compreensiva segundo a qual as ações dos homens são sempre determinadas por seus interesses. Há uma ambiguidade nessa última expressão pois, como esses mesmos filósofos, especialmente Bentham, deram o nome de interesse a qualquer coisa que uma pessoa deseja, podemos entender que a proposição não quer dizer mais do que isso: as ações dos homens são sempre determinadas por aquilo que eles desejam. Neste sentido, entretanto, a proposição não sustentaria nenhuma das consequências que esses autores extraem dela. Portanto, o termo interesse deve ser entendido, em seus raciocínios políticos, como significando aquilo que é normalmente chamado de interesse pessoal ou material (e esta foi também a explicação que eles próprios, em tais ocasiões, deram ao termo).

Tomando então a doutrina neste sentido, apresenta-se, *in limine*, uma objeção que poderia ser considerada fatal, a saber, a de que uma proposição tão absoluta está longe de ser universalmente verdadeira. Os seres humanos não são governados, em todas as suas ações, por seus interesses materiais. Entretanto, esta não é uma objeção tão conclusiva quanto parece à primeira vista pois, em política, não estamos, em geral, interessados na conduta de pessoas individuais, mas na conduta de uma série de pessoas (como uma sucessão de reis) ou de um corpo ou massa de pessoas, como uma nação, uma aristocracia, uma assembleia representativa. Ora, tudo aquilo que é verdadeiro de uma larga maioria da humanidade pode, sem muito erro, ser admitido como verdadeiro de qualquer sucessão de pessoas consideradas como um todo, ou de qualquer coleção de pessoas em que o ato da maioria se torna o ato do corpo inteiro. Assim, ainda que a máxima seja, algumas vezes, expressada de uma maneira desnecessariamente paradoxal, as consequências extraídas dela permanecerão igualmente válidas se a asserção for limitada como se segue: a conduta de uma sucessão de pessoas ou da maioria de um corpo de pessoas será governada, na maior parte, pelos interesses pessoais. Somos obrigados a conceder, aos pensadores da escola em questão, o benefício desta formulação mais racional de sua máxima fundamental, formulação que está, além disso, em estrita conformidade com as explicações que eles mesmos davam quando necessário.

A teoria prossegue inferindo, corretamente, que se as ações dos homens são determinadas principalmente por seus interesses egoístas, então, os únicos soberanos que governarão de acordo com o interesse dos governados serão aqueles cujos interesses egoístas estão de acordo com o interesse destes últimos. Acrescenta-se a esta uma terceira proposição, segundo a qual nenhum interesse egoísta dos governantes será idêntico ao dos governados a menos que a responsabilidade, isto é, a dependência em relação à vontade dos governados assim o torne. Em outras palavras (e como resultado do conjunto), o desejo de reter ou de perder o poder, juntamente com tudo o que decorre disto, é o único motivo confiável para produzir, da parte dos governantes, um curso de conduta em conformidade com o interesse geral.

Temos, assim, um teorema fundamental da ciência política, consistindo em três silogismos e dependendo, principalmente, de duas premissas gerais, em cada uma das quais se considera que um certo efeito é determinado por uma causa apenas e não por uma concorrência de causas. Em uma premissa, assume-se que as ações da média dos governantes são determinadas somente pelo auto-interesse, na outra, que o senso de identidade de interesse com os governados não é nem pode ser produzido por nenhuma outra causa a não ser a responsabilidade.

Essas proposições não são, de nenhuma forma, verdadeiras, e a última está extremamente longe da verdade.

Não é verdade que as ações, mesmo as da média dos governantes, sejam inteiramente ou quase inteiramente determinadas por seu interesse pessoal ou mesmo pela opinião que possuem a respeito de seu interesse pessoal. Eu não falo da influência do senso de dever ou de sentimentos de filantropia, motivos com os quais nunca devemos contar muito, ainda que estes influenciem em certo grau (exceto em países ou durante períodos de intensa degradação moral) quase todos os governantes e, alguns governantes, em um grau muito elevado. Insisto somente naquilo que é verdadeiro de todos os governantes, a saber, que o caráter e o curso de suas ações são largamente influenciados (independentemente do cálculo pessoal) pelos sentimentos e opiniões habituais, pelos modos gerais de pensar e agir que prevaleçam na comunidade da qual são membros, bem como pelos sentimentos, hábitos e modos de pensamento que caracterizam, dentro desta comunidade, a classe particular a qual pertencem. Ninguém que negligencie tais coisas irá compreender ou decifrar os sistemas de conduta em questão. Os governantes são também muito influenciados pelas máximas e tradições legadas por seus predecessores, máximas e tradições que, sabe-se, conservam uma ascendência por longos períodos, mesmo em oposição aos interesses pessoais dos governantes. Deixo de lado a influência de outras causas menos gerais. Portanto, ainda que os interesses pessoais dos governantes ou da classe governante sejam uma força poderosa, constantemente em ação e exercendo a influência mais importante sobre suas condutas, há também, naquilo que fazem, uma larga parte para a qual o interesse pessoal não fornece, de nenhuma forma, uma explicação suficiente; até mesmo as particularidades que constituem a excelência ou a deficiência de um governo são influenciadas, num grau que não é pequeno, por aquelas circunstâncias cuja ação sobre os governantes não pode ser incluída, sem impropriedade, no termo auto-interesse.

Passemos agora a outra proposição, segundo a qual a responsabilidade frente aos governados é a única causa capaz de produzir nos governantes o senso de uma identidade de interesse com a comunidade. Como verdade universal ela é menos admissível do que a precedente. Não estou falando da perfeita identidade de interesse, quimera impraticável que, seguramente, a responsabilidade frente ao povo não pode realizar. Falo de identidade nos pontos essenciais e estes são diversos em diferentes lugares e tempos. Em um grande número de casos, aquelas coisas que os governantes deveriam realizar no interesse geral são também aquelas para as quais estão inclinados pelo mais forte de seus interesses pessoais, a consolidação de seu poder. Assim, a supressão da anarquia e da resistência à lei — o completo estabelecimento da autoridade do governo central em um estado de sociedade como o da Europa na Idade Média — é um dos mais fortes interesses do povo e também dos governantes, simplesmente porque são governantes: a responsabilidade destes últimos não poderia fortalecer e poderia até mesmo, de muitas maneiras concebíveis, enfraquecer os motivos que os inclinam a perseguir este objetivo. Durante a maior parte do reinado da Rainha Elizabeth e de muitos outros monarcas que poderiam ser nomeados, o senso de identidade de interesse entre o soberano e a maioria do povo foi provavelmente mais forte do que é usual em um governo responsável: tudo aquilo que era mais caro ao povo era caro também ao monarca. Entre Pedro, o Grande, e os rudes selvagens que ele começou a civilizar, quem tinha a verdadeira inclinação para as coisas que eram do real interesse dos selvagens?

Não estou tentando estabelecer aqui uma teoria do governo, nem tenho que determinar o peso relativo que deve ser dado às circunstâncias que essa escola de políticos geômetras deixa fora de seu sistema e aquelas que leva em conta. Estou interessado apenas em mostrar que seu método não era científico e não em medir a extensão do erro que pode ter afetado suas conclusões práticas.

Entretanto, é apenas render-lhes justiça assinalar que o erro que cometeram não foi tanto de substância como de forma. Esse erro consistia em apresentar de uma forma sistemática e como se fosse o tratamento científico de uma importante questão filosófica aquilo que era uma mera polêmica do momento e que não deveria ter passado por outra coisa. Ainda que as ações dos governantes não sejam, de nenhuma forma, completamente determinadas por seus interesses egoístas, é principalmente como proteção contra aqueles interesses egoístas que os controles constitucionais são necessários. Para este propósito, tais controles, na Inglaterra e em outras nações da Europa moderna, não podem ser, de nenhuma forma, dispensados. É igualmente verdade que, nessas mesmas nações e na época presente, a responsabilidade para com os governados é o único meio prático disponível para criar um sentimento de identidade de interesse nos casos e nos pontos em que este sentimento não exista de maneira suficiente. Nada tenho a objetar em relação a tudo isto e aos argumentos em favor de medidas de correção de nosso sistema representativo que podem ser assim fundados. Mas confesso lamentar que a pequena parte, ainda que altamente importante, da filosofia do governo necessária para os propósitos imediatos da causa da reforma parlamentar tenha sido apresentada, por pensadores tão eminentes, como uma teoria completa.

Não se deve supor e nem é, de fato, verdade, que esses filósofos tenham considerado que nas poucas premissas de sua teoria estivesse incluído tudo o que é exigido para explicar os fenômenos sociais ou para determinar a escolha das formas de governo e das medidas legislativas e administrativas. Eles eram instruídos demais, dotados de um intelecto compreensivo demais e, alguns deles, de um caráter sóbrio e prático demais para cometer tal erro. Eles teriam aplicado e aplicavam os seus princípios com inumeráveis ponderações. Mas o que é necessário aqui não são ponderações. Na falta de suficiente amplitude nas fundações de uma teoria, há pouca chance de fazer as devidas correções em sua superestrutura. Não é filosófico construir uma ciência a partir de um pequeno número de fatores que determinam os fenômenos e deixar o resto à rotina da prática ou à sagacidade das conjecturas. É preciso, ou renunciar à forma científica, ou estudar igualmente todos os fatores determinantes, procurando, até onde for possível, incluí-los todos no âmbito da ciência; de outro modo acabaremos, infalivelmente, por conceder uma atenção desproporcional àqueles que nossa teoria leva em conta, subestimando o resto e, provavelmente, desprezando sua importância. Seria desejável que as deduções fossem feitas a partir da totalidade e não de uma parte somente das leis da natureza em questão, mesmo se aquelas omitidas forem, em comparação com as outras, tão insignificantes que possam, para a maior parte dos propósitos e na maior parte das ocasiões, ser deixadas de lado. Mas, de fato, isto está longe de ser verdade na Ciência Social. Os fenômenos da sociedade não dependem, em seus pontos essenciais, de um fator ou lei da natureza humana, sofrendo, por parte dos outros, apenas modificações insignificantes. Todas as qualidades da natureza humana influenciam aqueles fenômenos e não há nenhuma que os influencie em um grau pequeno. Não há nenhuma cuja remoção ou alteração considerável não afete substancialmente todo o aspecto da sociedade e não mude mais ou menos as sequências dos fenômenos sociais em geral.

A teoria que foi objeto dessas considerações é, pelo menos neste país, o principal exemplo contemporâneo daquilo que chamei de método geométrico de filosofar na Ciência Social. Por esta razão, a examinamos de uma maneira mais detalhada do que seria conveniente numa obra como a presente. Tendo assim ilustrado suficientemente os dois métodos errôneos, passaremos, sem outras preliminares, ao verdadeiro método, àquele que, em conformidade com a prática das ciências físicas mais complexas, procede, é certo, dedutivamente, mas pela dedução a partir de muitas e não de uma ou de poucas premissas originais, considerando cada efeito, como o que de fato é, um resultado agregado de muitas causas, causas estas que operam por meio de diversos ou dos mesmos fatores mentais ou leis da natureza humana.

CAPÍTULO IX
DO MÉTODO DEDUTIVO CONCRETO OU FÍSICO

§1. *Os Métodos Dedutivos Direto e Inverso.*

Após o que foi dito para ilustrar a natureza da investigação dos fenômenos sociais, é suficientemente evidente o caráter geral do método apropriado a esta investigação que necessita, assim, ser apenas recapitulado e não provado. Por mais complexo que seja um fenômeno, todas as suas sequências e coexistências resultam das leis dos elementos separados. O efeito produzido, num fenômeno social, por qualquer conjunto complexo de circunstâncias equivale, precisamente, à soma dos efeitos das circunstâncias tomadas em separado. A complexidade não surge do número das próprias leis, que não é muito grande, mas do número e variedade extraordinários dos dados ou elementos — dos fatores que, em obediência a este pequeno número de leis, cooperam para o efeito. Portanto, a Ciência Social (que tem sido designada pelo barbarismo cômodo de Sociologia) é uma ciência dedutiva; não, é verdade, segundo o modelo da Geometria, mas segundo o modelo das ciências físicas mais complexas. Ela infere a lei de cada efeito das leis de causação de que esse efeito depende; entretanto, não infere a partir da lei de uma causa apenas, como no método geométrico, mas considerando todas as causas que influenciam conjuntamente o efeito e compondo suas leis umas com as outras. Em suma: seu método é o Método Dedutivo Concreto, aquele cujo exemplo mais perfeito é a Astronomia, um pouco menos perfeito, a Filosofia Natural, e cujo emprego, com as adaptações e precauções exigidas pelo objeto, está começando a regenerar a Fisiologia.

Não há dúvida de que precauções e adaptações similares são indispensáveis em Sociologia. Ao aplicar a este estudo, o mais complexo de todos, aquele que é, demonstravelmente, o único método capaz de lançar a luz da ciência até mesmo sobre fenômenos de um grau inferior de complicação, devemos estar cientes de que a mesma complexidade superior que torna o instrumento da dedução mais necessário, torna-o também mais precário e devemos estar preparados para enfrentar, com recursos apropriados, este acréscimo de dificuldade.

As ações e sentimentos dos seres humanos no estado social são, sem dúvida, governados inteiramente por leis psicológicas e etológicas. Qualquer que seja a influência que uma causa exerça sobre um fenômeno social, ela a exercerá por meio daquelas leis. Supondo, portanto, que as leis das ações e sentimentos humanos sejam suficientemente conhecidas, não há dificuldade extraordinária em determinar, a partir destas leis, a natureza dos efeitos sociais que qualquer causa tenda a produzir. Mas quando se trata de combinar várias tendências e computar o resultado agregado de muitas causas coexistentes e especialmente quando, tentando predizer o que irá realmente ocorrer em um caso dado, incorremos na obrigação de estimar e compor a influência de todas as causas que existirem no caso, então, empreendemos uma tarefa cujo prosseguimento ultrapassa o alcance das faculdades humanas.

Se todos os recursos da ciência não são suficientes para nos permitir calcular *a priori*, com completa precisão, a ação mútua de três corpos gravitando um em relação ao outro, pode-se julgar com que perspectiva de êxito tentaríamos calcular o resultado de tendências conflitantes que agem em milhares de direções diferentes e promovem milhares de diferentes mudanças numa dada sociedade num instante determinado: ainda que possamos, como é necessário, discriminar corretamente, a partir das leis da natureza humana, as próprias tendências, na medida em que dependem de causas acessíveis a nossa observação e ainda que possamos determinar a direção que cada uma delas, se agisse sozinha, imprimiria na sociedade, bem como afirmar, de maneira geral pelo menos, que algumas dessas tendências são mais poderosas do que outras.

Mas sem dissimular as necessárias imperfeições do método *a priori* quando aplicado a um tal objeto, não devemos, por outro lado, exagerá-las. As mesmas objeções que se aplicam ao Método Dedutivo em seu emprego mais difícil, aplicam-se também, como mostramos anteriormente,[1] aos seus empregos mais fáceis e teriam sido mesmo aí insuperáveis se não existisse, como foi então plenamente explicado, um recurso apropriado. Esse recurso consiste no processo que, sob o nome de Verificação, caracterizamos como a terceira parte constitutiva essencial do Método Dedutivo, aquela de comparar as conclusões do raciocínio, ou com os próprios fenômenos concretos, ou com suas leis empíricas quando estas podem ser obtidas. O fundamento de nossa confiança em qualquer ciência dedutiva concreta não é o próprio raciocínio *a priori*, mas o acordo entre seus resultados e os da observação *a posteriori*. O valor de cada um destes procedimentos, quando empregados isoladamente, diminui na medida em que aumenta a complexidade do objeto e, isto, segundo uma proporção tão rápida que este valor logo se torna inteiramente nulo. Entretanto a confiança que deve ser depositada na concorrência dos dois tipos de evidência não somente não diminui na mesma proporção, mas sequer é, necessariamente, diminuída. O resultado é apenas uma perturbação na ordem de precedência dos dois procedimentos que equivale, algumas vezes, à sua efetiva inversão: em vez de deduzirmos nossas conclusões pelo raciocínio e verificá-las pela observação, começamos, em alguns casos, por obtê-las provisoriamente pela experiência específica e posteriormente as conectamos com os princípios da natureza humana por meio de raciocínios *a priori*, raciocínios que constituem, assim, uma real Verificação.

---

[1] Supra, p. 295. (N.A.) Mill remete o leitor ao Livro III, cap. 11, onde as três etapas do Método Dedutivo são expostas: estabelecimento, por meio de induções diretas, das leis de cada uma das causas que concorrem, determinação, por meio de um raciocínio, do efeito que qualquer combinação destas causas produziria e, finalmente, comparação do resultado assim obtido com os dados fornecidos pela observação direta. As objeções que podem ser levantadas contra o método são assim resumidas: "Quando, em cada caso particular, uma multidão de influências, frequentemente desconhecidas, se cruzam e se misturam, que segurança temos de que todas foram levadas em conta em nosso cálculo *a priori*? Quantas não devem ter sido ignoradas? E, entre as que conhecemos, não é provável que algumas tenham sido negligenciadas? E, ainda que todas tivessem sido incluídas, que pretensão vã seria somar o efeito de várias causas sem conhecer exatamente a lei numérica de cada uma, condição geralmente impossível de satisfazer; e, mesmo que fosse satisfeita, excetuando-se os casos mais simples, a realização do cálculo transcende os poderes da ciência matemática, com todos os seus mais recentes aperfeiçoamentos". A terceira etapa do método é fundamental para superar as dúvidas que essas objeções lançam sobre os resultados obtidos pelas etapas anteriores. (N.T.)

O sr. Comte,[2] o único pensador que, com um conhecimento suficiente dos métodos científicos em geral, tentou caracterizar o Método da Sociologia, considera esta ordem inversa inerente à natureza da especulação sociológica. Ele considera que a Ciência Social consiste, essencialmente, de generalizações obtidas da história e verificadas, mas não originalmente sugeridas, pela dedução a partir das leis da natureza humana.[3] Ainda que esta opinião, cuja importância tratarei de mostrar aqui, contenha uma verdade, não posso deixar de acreditar que esta verdade é enunciada de uma maneira excessivamente irrestrita e que há, na investigação sociológica, considerável escopo para o Método Dedutivo Direto, assim como para o procedimento inverso.

De fato, será mostrado, no capítulo seguinte, que há uma classe de investigações sociológicas para as quais, em razão de sua prodigiosa complicação, o método da dedução direta é completamente inaplicável, enquanto, por uma feliz compensação, é precisamente nesses casos que somos capazes de obter as melhores leis empíricas: para essas investigações, portanto, o Método Inverso é o único adaptado. Mas há também, como será mostrado presentemente, outros casos em que é impossível obter pela observação direta algo digno do nome de lei empírica. Felizmente, esses são precisamente os casos em que o Método Direto é menos afetado pela objeção que, indubitavelmente, sempre deve afetá-lo em certo grau.

Iniciaremos, então, por considerar a Ciência Social como uma ciência de Dedução Direta e por examinar a natureza e as limitações daquilo que pode ser alcançado por este modo de investigação. Em seguida, num capítulo separado, examinaremos e tentaremos caracterizar o procedimento inverso.

---

[2] *Variante*: A maior autoridade viva em métodos científicos em geral e o único pensador... Mill omitiu uma série de referências laudatórias a Comte, presentes em edições anteriores. Sabemos que Mill terminou a primeira versão da "Lógica das Ciências Morais" entre 1839 e 1840, fortemente influenciado pela leitura dos três primeiros volumes do *Cours de Philosophie Positive* e que, após a leitura dos três volumes finais do *Cours*, entre 1839 e 1843, ele reescreveu o Livro VI. Entre 1842 e 1845 a correspondência com Comte indica uma crescente divergência intelectual. A avaliação final do pensamento de Comte por parte de Mill apareceu em dois artigos escritos para a *Westminster Review* em 1865, reimpresso como *Augusto Comte et le Positivisme*. Paris: F. Alcan, 1903. (N.T.)

[3] *Cours de Philosophie Positive*, v. 4, Lição 48. (N.E.)

§2. *Dificuldades do Método Dedutivo Direto na Ciência Social.*

Em primeiro lugar, é evidente que a Sociologia, considerada como um sistema de deduções *a priori*, não pode ser uma ciência de predições positivas, mas apenas de tendências. Podemos ser capazes de concluir, a partir das leis da natureza humana aplicadas às circunstâncias de um certo estado da sociedade, que uma causa particular irá operar de uma certa maneira a menos que seja contrariada. Entretanto, jamais podemos estar seguros em relação à extensão ou ao grau em que irá assim operar ou afirmar com certeza que nunca será contrariada, pois raramente conhecemos, mesmo aproximadamente, todos os agentes que podem coexistir com ela e ainda menos podemos calcular o resultado coletivo de tantos elementos combinados. Entretanto deve-se repetir aqui, ainda uma vez, que um conhecimento insuficiente para a predição pode ser do máximo valor para a orientação prática. Não é necessário para a sábia conduta dos negócios da sociedade, não mais do que para qualquer questão privada, que sejamos capazes de prever infalivelmente os resultados das nossas ações. Devemos perseguir nossos objetivos por meios que, talvez, sejam anulados e tomar precauções contra perigos que, possivelmente, nunca serão concretizados. O propósito das práticas políticas é o de envolver uma dada sociedade com o maior número possível de circunstâncias cujas tendências são benéficas e eliminar ou neutralizar, na medida do possível, aquelas cujas tendências são prejudiciais. Um conhecimento das tendências apenas nos fornece este poder em uma medida considerável, ainda que não possamos predizer exatamente seus resultados conjuntos.

Seria entretanto um erro supor que, mesmo com respeito às tendências, poderíamos chegar dessa maneira a um grande número de proposições que serão verdadeiras em todas as sociedades sem exceção. Uma tal suposição seria inconsistente com a natureza eminentemente modificável do fenômeno social e com o número e a variedade das circunstâncias pelas quais são modificados, circunstâncias estas que nunca são as mesmas ou aproximadamente as mesmas em duas sociedades diferentes ou em dois períodos diferentes da mesma sociedade. Isto não seria um obstáculo tão sério se, apesar das causas que agem sobre a sociedade em geral serem numerosas, aquelas que influenciam alguma característica da sociedade forem em número limitado. Poderíamos então isolar qualquer fenômeno social particular e investigar suas leis sem nenhuma perturbação proveniente do resto. Mas a verdade é justamente o oposto disto. Tudo o que afeta, em um grau apreciável, algum elemento do estado social, afeta, por meio deste, todos os outros elementos. O modo de produção de todos os fenômenos sociais é um caso notável de Mistura de Leis.[4] Nunca podemos entender teoricamente ou controlar na prática a situação de uma sociedade em um aspecto, sem levar em consideração sua condição em todos os outros aspectos. Não há fenômeno social que não seja mais ou menos influenciado por todas as outras partes da situação da mesma sociedade e, portanto, por todas as causas que influenciam os outros fenômenos sociais contemporâneos. Em suma, há aqui o que os fisiologistas chamam de um *consensus*, similar àquele existente entre os vários órgãos e funções da composição física do homem e dos animais mais perfeitos e que constitui uma das muitas analogias que tornou universal expressões tais como "corpo político" e "corpo natural". Em consequência desse *consensus*, a menos que duas sociedades possam ser semelhantes em todas as circunstâncias que as cercam e as influenciam (o que implicaria na similitude de suas histórias prévias), nenhuma parte do fenômeno irá, a não ser por acidente, corresponder precisamente, e nenhuma causa irá produzir exatamente os mesmos efeitos em ambas as sociedades. Toda causa, na medida em que seu efeito se espalha pela sociedade, entra em contato com grupos diferentes de fatores e, assim, seus efeitos sobre alguns dos fenômenos sociais são diferentemente modificados; essas diferenças, por sua reação, produzem diferenças mesmo naqueles efeitos que teriam sido, de outra forma, iguais. Nunca podemos, portanto, afirmar com certeza que uma causa que tem uma tendência particular em um

---

[4] Quando há uma mistura de leis, os efeitos de diferentes causas não são dissemelhantes "mas homogêneos e não discerníveis entre si por limites assinaláveis. *A* e *B* podem não produzir *a* e *b*, mas partes diferentes de um efeito *a*". Consultar a respeito, *A System of Logic*, Livro III, cap. 10. (N.T.)

povo ou em uma época terá exatamente a mesma tendência em outro povo ou época, sem nos reportarmos às nossas premissas e sem realizar novamente, para esta outra nação ou época, uma análise de todas as suas circunstâncias, semelhante àquela que fizemos para a primeira. A ciência dedutiva da sociedade não irá formular um teorema afirmando, de maneira universal, o efeito de uma certa causa, mas nos ensinará como formar um teorema adequado para as circunstâncias de um caso dado qualquer. Ela não nos fornece as leis da sociedade em geral, mas os meios de determinar os fenômenos de qualquer sociedade a partir dos dados ou elementos particulares desta sociedade.

Todas as proposições gerais que podem ser formadas pela ciência dedutiva são, portanto, no sentido estrito da palavra, hipotéticas. Elas são baseadas num conjunto suposto de circunstâncias e declaram como uma certa causa operaria nestas circunstâncias, supondo que outras causas não estivessem combinadas com elas. Se o conjunto suposto de circunstâncias foi copiado daquele de alguma sociedade existente, as conclusões serão verdadeiras desta sociedade, contanto e na medida em que o efeito destas circunstâncias não seja modificado por outras que não foram levadas em conta. Se desejamos uma maior aproximação à verdade concreta, só podemos almejá-la levando ou tentando levar em conta em nosso cálculo um maior número de circunstâncias individualizadoras.

Considerando, entretanto, a rápida progressão segundo a qual aumenta a incerteza de nossas conclusões à medida que tentamos fazer entrar em nossos cálculos um maior número de causas concorrentes, as combinações hipotéticas de circunstâncias sobre as quais construímos os teoremas gerais da ciência não podem chegar a ser muito complexas sem que as probabilidades de erro se acumulem demasiado rapidamente para privar nossas conclusões de todo valor. Esse modo de investigação, considerado como meio de obter proposições gerais, deve, portanto, sob pena de frivolidade, ser limitado àquela classe de fatos sociais que, ainda que influenciados, como os demais, por todos os fatores sociológicos, estão sob a influência *imediata*, principalmente ao menos, de um pequeno número de fatores.

§3. *Até que ponto os diferentes ramos da especulação sociológica podem ser estudados à parte. Caracterização da Economia Política.*

Não obstante o *consensus* universal dos fenômenos sociais, em virtude do qual tudo o que tem lugar em alguma parte das operações da sociedade influencia todas as outras partes, e não obstante a ascendência soberana que o estado geral da civilização e o progresso social devem exercer, em qualquer sociedade dada, sobre todos os fenômenos parciais e subordinados, não é menos verdade que diferentes espécies de fatos sociais são na maior parte dependentes, de uma maneira imediata e em primeira instância, de diferentes tipos de causas. Dessa forma, não somente podem como devem ser vantajosamente estudados à parte, assim como, no corpo natural, estudamos separadamente a fisiologia e a patologia dos principais órgãos e tecidos, ainda que cada um deles seja influenciado pelo estado de todos os outros e ainda que a constituição peculiar e o estado geral de saúde do organismo cooperem com as causas locais e, frequentemente, preponderem sobre elas na determinação do estado de qualquer órgão particular.

Nessas considerações se baseia a existência de ramos ou departamentos da especulação sociológica distintos e separados, ainda que não independentes.

Há, por exemplo, uma larga classe de fenômenos sociais em que as causas imediatamente determinantes são, sobretudo, aquelas que agem por meio do desejo de riqueza e em que a principal lei psicológica em jogo é aquela bem familiar, segundo a qual é preferível um ganho maior a um ganho menor. Refiro-me, é claro, àquela parte dos fenômenos da sociedade que emana das atividades industriais ou produtivas dos homens e dos atos humanos por meio dos quais ocorre a distribuição dos produtos destas operações, na medida em que não são afetados pela força ou modificados pela doação voluntária. Raciocinando a partir daquela lei da natureza humana e a partir das principais circunstâncias externas (universais ou limitadas a estados de sociedade particulares) que operam sobre a mente humana por meio daquela lei, podemos explicar e predizer essa parte dos fenômenos da sociedade, na medida em que dependem apenas desta classe de circunstâncias, sem levar em conta quaisquer outras circunstâncias e, portanto, sem reportar as que levamos em conta às suas possíveis origens em outros fatos do estado social e sem considerar a maneira pela qual essas outras circunstâncias podem interferir, modificando ou anulando, o efeito das primeiras. Pôde assim ser construído um departamento da ciência que recebeu o nome de Economia Política.

A razão que recomenda a separação dessa parte dos fenômenos sociais dos demais e a criação de um ramo científico distinto e correspondente é a de que eles dependem *principalmente*, ao menos em primeira instância, de uma classe de circunstâncias apenas. Além disso, mesmo que outras circunstâncias interfiram, a determinação do efeito devido a uma classe de circunstâncias apenas é uma tarefa suficientemente difícil e intrincada para que seja conveniente realizá-la definitivamente e só então levar em conta o efeito das circunstâncias modificadoras; tanto mais quanto certas combinações fixas das primeiras recorrem frequentemente em conjunção com as sempre variáveis circunstâncias da segunda classe.

A Economia Política, como já disse em outra ocasião, ocupa-se apenas "daqueles fenômenos do estado social que ocorrem em consequência da busca de riqueza. Faz total abstração de qualquer outra paixão ou motivo humano, exceto aqueles que podem ser considerados como princípios perpetuamente antagônicos ao desejo de riqueza, a saber, a aversão ao trabalho e o desejo da satisfação presente de indulgências dispendiosas. Estas ela considera, até certo ponto, em seus cálculos, porque não apenas, como nossos outros desejos, entram em conflito ocasional com a busca da riqueza, mas a acompanham sempre, como um empecilho ou impedimento e estão, portanto, inseparavelmente misturadas em sua consideração. A Economia Política considera a humanidade enquanto ocupada unicamente em adquirir e consumir riqueza e visa mostrar qual é o curso da ação no qual a humanidade, vivendo em um estado de sociedade, seria impelida se aquele motivo, exceto pelo grau em que é refreado pelos dois perpétuos motivos contrários acima referidos, fosse a regra absoluta de todas as suas ações. Sob a influência deste desejo, ela mostra a humanidade acumulando riqueza e empregando-a na produção de outra riqueza; sancionando por meio de um acordo mútuo a instituição da propriedade; estabelecendo leis para impedir que os indivíduos usurpem, pela fraude ou pela força, a propriedade de outros; adotando várias invenções para aumentar a produtividade de seu trabalho; ajustando a divisão do produto por meio de acordo e sob a influência da competição (a própria competição sendo governada por certas leis, leis que são, portanto, as reguladoras últimas da divisão do produto); e empregando certos meios (como dinheiro, crédito etc.) para facilitar a distribuição. Todas essas operações, apesar de muitas delas serem realmente o resultado de uma pluralidade de motivos, são consideradas pela Economia Política como derivadas unicamente do desejo de riqueza. A ciência procede então investigando as leis que governam essas várias operações, na suposição de que o homem é um ser determinado, pela necessidade de sua natureza, a preferir, em todos os casos, uma maior porção de riqueza a uma menor, sem qualquer outra exceção além daquela constituída pelos dois motivos contrários já especificados; não porque todo economista político seja ridículo a ponto de supor que a humanidade se constitua realmente dessa forma, mas porque este é o modo pelo qual a ciência deve necessariamente proceder. Quando um efeito depende de uma concorrência de causas, essas causas devem ser estudadas uma de cada vez e suas leis investigadas separadamente, se é que queremos, por meio das causas, obter o poder de prever ou de controlar o efeito, já que a lei do efeito é composta pelas leis de todas as causas que o determinam. A lei da força centrípeta e da força tangencial tiveram que ser conhecidas antes que os movimentos da terra e dos planetas pudessem ser explicados e, muitos deles, previstos. O mesmo se dá com a conduta do homem na sociedade. Para julgar como agirá sob a variedade de desejos e aversões que operam concorrentemente sobre ele, devemos saber como agiria sob a influência exclusiva de cada um em particular. Não há, talvez, na vida de um homem nenhuma ação na qual ele não esteja sob a influência remota ou imediata de algum outro impulso que não o mero desejo de riqueza. Quanto àquelas partes da conduta humana nas quais a riqueza não é nem mesmo o objetivo principal, a Economia Política não pretende que suas conclusões sejam aplicáveis a elas. Mas há certos departamentos dos afazeres humanos em que a aquisição de riqueza é o fim principal e reconhecido. A Economia Política leva em conta unicamente estes últimos. A maneira pela qual ela necessariamente procede é a de tratar o fim principal e reconhecido como se fosse o único fim, o que, de todas as hipóteses igualmente simples, é a mais próxima da verdade. O economista político indaga quais são as ações que seriam produzidas por este desejo se, dentro dos departamentos em questão, não fosse impedido por nenhum outro desejo. Assim, obtemos uma maior aproximação à ordem real dos afazeres humanos naqueles departamentos do que seria de outra forma viável. Essa aproximação deve então ser corrigida, fazendo-se a concessão apropriada aos efeitos de quaisquer impulsos de gênero diferente cuja interferência com o resultado pode ser mostrada em cada caso particular. Somente em poucos dos mais notáveis casos (tais como o importante caso do princípio de população) são estas correções intercaladas nas exposições da própria Economia Política; dessa forma, com vistas à utilidade prática, afasta-se um pouco do rigor dos arranjos puramente científicos. Na medida em que se sabe, ou se pode presumir, que a conduta da humanidade na busca da riqueza está sob a influência colateral de quaisquer outras propriedades de nossa natureza, além do desejo de obter a maior quantidade de riqueza com o mínimo de trabalho e abnegação, as conclusões da Economia Política deixarão de ser aplicáveis à explicação e predição dos eventos reais até que sejam modificadas por uma correta consideração do grau de influência exercido pelas outras causas".[5]

Uma extensa e importante orientação prática pode ser derivada,[6] para qualquer estado de sociedade dado, a partir de proposições gerais como as indicadas anteriormente, mesmo que sejam provisoriamente negligenciadas tanto a influência modificadora das causas variadas que a teoria não leva em consideração como o efeito das mudanças sociais gerais em progresso. E ainda que tenha sido um erro comum dos economistas políticos extrair conclusões a partir de elementos de um estado de sociedade e aplicá-las a outros estados em que muitos dos

---

[5] *Essays on some Unsettled Questions of Political Economy*, pp. 137-140. (N.A.)
[6] *Variante*: Quando o sr. Comte (pois é desnecessário levar em conta as objeções levantadas por pensadores inferiores) declara que a tentativa de tratar a Economia Política, mesmo provisoriamente, como uma ciência isolada, consiste num equívoco quanto ao método científico próprio à Sociologia, não posso pensar senão que ele negligenciou a extensa e importante orientação prática que pode ser derivada...

elementos não são os mesmos, mesmo assim não é difícil, reportando às demonstrações e introduzindo as novas premissas nos lugares apropriados, fazer com que o mesmo curso geral de argumentação que serviu para um caso sirva para outros também. Por exemplo, os economistas políticos ingleses se acostumaram a discutir as leis da distribuição do produto da indústria conforme uma suposição que dificilmente é realizada em algum lugar fora da Inglaterra e da Escócia, a saber, que o produto é "dividido entre três classes, completamente distintas uma das outras, trabalhadores, capitalistas e proprietários de terra e que estes são todos agentes livres, autorizados, de fato e de direito, a fixar sobre seu trabalho, seu capital e sua terra, qualquer preço que sejam capazes de obter. As conclusões da ciência, sendo todas adaptadas a uma sociedade assim constituída, precisam ser revisadas sempre que aplicadas a qualquer outra sociedade. Elas são inaplicáveis nos lugares em que os proprietários da terra são os únicos capitalistas e os trabalhadores são sua propriedade, como nos países escravagistas. Elas são inaplicáveis onde o proprietário quase universal da terra é o Estado, como na Índia. Elas são inaplicáveis onde o trabalhador agrícola é geralmente o proprietário da terra e do capital, como ocorre frequentemente na França, ou do capital apenas, como na Irlanda". Mas ainda que possamos, frequentemente, objetar com razão aos economistas políticos atuais que "eles tentam construir uma fábrica permanente a partir de materiais transitórios, que eles tomam por garantida a imutabilidade dos arranjos da sociedade, muitos dos quais são, em sua natureza, variáveis ou progressivos e que enunciam com tão pouca qualificação e como se fossem verdades absolutas e universais proposições que são talvez aplicáveis apenas ao estado de sociedade em que o autor viveu"; isto, entretanto, não retira o valor das proposições consideradas em referência ao estado de sociedade do qual foram extraídas. Além disso, mesmo enquanto aplicáveis a outros estado de sociedade, "não se deve supor que a ciência é tão incompleta e insatisfatória como isto parece provar. Apesar de muitas de suas conclusões serem apenas localmente verdadeiras, seu método de investigação é universalmente aplicável e, assim como quem quer que tenha resolvido um certo número de equações algébricas pode, sem dificuldade, resolver todos os outros do mesmo tipo, alguém que conheça a economia política da Inglaterra, ou mesmo de Yorkshire, conhece aquela de todas as nações, atuais ou possíveis, contanto que tenha suficiente bom senso para não esperar que as mesmas conclusões decorram de premissas diferentes". Alguém que domine, com o grau de precisão alcançável, as leis que, sob a livre concorrência, determinam a renda, os lucros e os salários recebidos pelos proprietários da terra, pelos capitalistas e pelos trabalhadores em uma sociedade em que as três classes são completamente distintas, não terá dificuldade em determinar as leis muito diferentes que regulam a distribuição do produto entre as classes interessadas em qualquer dos estados de cultivo e propriedade agrícola mencionados na citação anterior.[7]

§4. *A Etologia Política ou a Ciência do Caráter Nacional.*

Não me ocuparia aqui em decidir que outras ciências hipotéticas ou abstratas similares à Economia Política admitiriam ser separadas do corpo geral da Ciência Social, que outras partes dos fenômenos sociais estariam sob a dependência suficientemente íntima e completa, ao menos em primeira instância, de uma classe peculiar de causas para tornar assim conveniente a criação de uma ciência preliminar destas causas e para adiar a consideração das causas que agem por meio delas ou em concorrência com elas a um período posterior da investigação. Há, entretanto, entre esses departamentos separados um que, sendo de um caráter mais compreensivo e dominante do que quaisquer outros ramos em que a ciência social admite ser dividida, não pode ser passado em silêncio. Como estes, ele está diretamente relacionado com apenas uma classe de fatos sociais, mas uma classe que exerce, imediata ou remotamente, uma influência superior sobre todo o resto. Refiro-me ao que pode ser chamado de Etologia Política ou teoria das causas que determinam o tipo de caráter pertencente a um povo ou a uma época. De todos os ramos subordinados da ciência social este é o que está mais completamente em sua infância. As causas do caráter nacional são raramente compreendidas e o

---

[7] As citações deste parágrafo foram retiradas de um artigo escrito pelo autor e publicado em uma revista em 1834. (N.A) "On Miss Martineau's Summary of Political Economy", *Monthly Reposiory*, VIII, maio, 1834. (N.E.)

efeito das instituições ou arranjos sociais sobre o caráter do povo é, em geral, aquela parte de seus efeitos que é menos notada e menos compreendida. Nada há de surpreendente nisto se considerarmos o estado embrionário da própria Ciência da Etologia, que deve fornecer as leis das quais as verdades da Etologia Política não podem ser senão resultados e exemplificações.

Entretanto, todo aquele que considerar bem a questão, verá, sem dificuldade, que as leis do caráter nacional (ou coletivo) constituem, de longe, a mais importante classe de leis sociológicas. Em primeiro lugar, o caráter que é formado por um certo estado das circunstâncias sociais é, em si mesmo, o fenômeno mais interessante que este estado da sociedade pode possivelmente apresentar. Em segundo lugar, é também um fato que entra largamente na produção de todos os outros fenômenos. Enfim e sobretudo, o caráter, isto é, as opiniões, sentimentos e hábitos do povo, apesar de ser, em grande parte, resultado do estado de sociedade que o precede é também, em grande parte, causa do estado de sociedade que o segue; constitui o poder pelo qual todas as circunstâncias artificiais da sociedade — leis e costumes, por exemplo — são completamente moldadas: os costumes, evidentemente, as leis, não menos, seja pela influência direta do sentimento público sobre os poderes governantes, seja pelo efeito que o estado do sentimento e da opinião nacional têm na determinação da forma de governo e na formação do caráter dos governantes.

Como seria de se esperar, a parte mais imperfeita daqueles ramos da investigação social que têm sido cultivados como ciências separadas é a teoria sobre o modo pelo qual suas conclusões são afetadas por considerações etológicas. Essa omissão não é um defeito enquanto as consideramos como ciências hipotéticas e abstratas, mas as vicia em sua aplicação prática enquanto ramos de uma ciência social compreensiva. Em Economia Política, por exemplo, os pensadores ingleses assumem tacitamente leis empíricas da natureza humana que são estimadas apenas para a Grã-Bretanha e os Estados Unidos. Entre outras coisas, supõe-se constantemente uma intensidade de competição que, como um fato mercantil geral, não existe em nenhum país do mundo exceto naqueles dois. Um economista inglês, como em geral os seus compatriotas, raramente está informado a respeito da possibilidade de que os homens, ao se ocuparem com a venda de suas mercadorias, tenham mais cuidado com as suas comodidades ou vaidades do que com os seus ganhos pecuniários. Entretanto, aqueles que conhecem os hábitos do Continente Europeu sabem como um motivo aparentemente pequeno excede, frequentemente, o desejo de conseguir dinheiro, mesmo nas operações em que o objetivo direto é a obtenção de dinheiro. Quanto mais refinada estiver a ciência da Etologia e quanto melhor conhecidas forem as diversidades de caráter nacional e individual, menor se tornará, provavelmente, o número de proposições que consideraremos seguro erigir em princípios universais da natureza humana.

Essas considerações mostram que o processo de dividir a Ciência Social em compartimentos, para que cada um possa ser estudado separadamente e suas conclusões posteriormente corrigidas, com vistas à prática, pelas modificações introduzidas por outros ramos, deve estar sujeita a pelo menos uma importante limitação. As únicas partes dos fenômenos sociais que podem vantajosamente se tornar, mesmo provisoriamente, objetos de ramos distintos da ciência, são aquelas nas quais as diversidades de caráter entre diferentes nações ou diferentes épocas participam de um modo apenas secundário como causas influenciadoras. Ao contrário, aqueles fenômenos que se misturam, a cada passo, com as influências do estado etológico do povo (de modo que a conexão de causas e efeitos não pode ser assinalada, nem mesmo grosseiramente, sem levar em consideração aquelas influências), não poderiam, com alguma vantagem e não sem grande desvantagem, ser tratados independentemente da Etologia Política nem, portanto, de todas as circunstâncias que influenciam as qualidades de um povo. Por esta razão, bem como por outras que surgirão posteriormente, não pode haver nenhuma Ciência do Governo separada; pois este é o fato que, de todos os outros, está mais misturado, como causa e como efeito, com as qualidades de uma época ou de um povo particular. Todas as questões a respeito das tendências das formas de governo devem fazer parte da ciência geral da sociedade e não de um ramo distinto.

Resta agora caracterizar esta Ciência Geral da sociedade enquanto distinta dos departamentos separados da ciência (cada um dos quais afirma suas conclusões apenas condicionalmente, sujeitos que estão ao controle soberano das leis da ciência geral). Como será mostrado presentemente, nada que se assemelhe a um caráter realmente científico é possível aqui, exceto pelo método dedutivo inverso. Mas antes de deixar o exame daquelas especulações sociológicas que procedem por via de dedução direta, devemos examinar que relação mantêm com aquele elemento indispensável em todas as ciências dedutivas, a Verificação pela Experiência Específica — a comparação entre as conclusões do raciocínio e os resultados da observação.

§ 5. *As Leis Empíricas da Ciência Social.*

Nós vimos que na maioria das ciências dedutivas e, entre outras, na própria Etologia, que é a fundação imediata da Ciência Social, um trabalho preliminar de preparação é realizado sobre os fatos observados para torná-los aptos a serem comparados de uma forma rápida e precisa (por vezes, até mesmo para que possam ser de alguma forma comparados) com as conclusões da teoria. Este tratamento preparatório consiste em encontrar proposições gerais que expressem de forma concisa aquilo que é comum a largas classes de fatos observados; tais proposições são as chamadas leis empíricas dos fenômenos. Nós temos, portanto, que indagar se há algum processo preparatório similar que possa ser realizado sobre os fatos da Ciência Social, se há leis empíricas na história ou na estatística.

Na estatística, é evidente que leis empíricas podem ser, algumas vezes, descobertas e sua descoberta forma uma parte importante daquele sistema de observação indireta ao qual devemos, frequentemente, recorrer para buscar os dados da Ciência Dedutiva. O processo da ciência consiste em inferir efeitos a partir de suas causas, mas, muitas vezes, não temos meios de observar as causas exceto por meio de seus efeitos. Em tais casos a ciência dedutiva é incapaz, pela falta dos dados necessários, de prever os efeitos; ela pode determinar quais são as causas capazes de produzir qualquer efeito dado, mas não com que frequência e em que quantidade aquelas causas existem. Um exemplo é proporcionado por um jornal que está agora diante de mim. Um relatório foi fornecido por um síndico de massa falida mostrando, dentre as várias falências que teve de investigar, o número de casos em que as perdas foram causadas por diferentes tipos de má gestão e o número em que foram causadas por desgraças inevitáveis. O resultado foi que o número de fracassos causados por má gestão preponderou grandemente sobre aquele que resulta de todas as outras causas. Apenas a experiência específica poderia fornecer base suficiente para uma conclusão desse teor. Portanto, obter tais leis empíricas (que nunca são mais do que generalizações aproximadas) por meio da observação direta é uma parte importante do processo de investigação sociológica.

O procedimento experimental não deve ser considerado aqui como uma via distinta em direção à verdade, mas como um meio (que, acidentalmente, é o único ou o melhor disponível) para obter os dados necessários à ciência dedutiva. Quando as causas imediatas dos fatos sociais não estão abertas à observação direta, a lei empírica dos efeitos nos fornece igualmente a lei empírica das causas (o que, neste caso, é tudo o que podemos obter). Mas aquelas causas imediatas dependem de causas remotas; e a lei empírica obtida por esse modo indireto de observação só pode ser admitida como aplicável aos casos não observados se houver razão para pensar que nenhuma mudança ocorreu em quaisquer das causas remotas de que dependem as causas imediatas. Portanto, ao fazer uso das generalizações estatísticas, ainda que das melhores, com o propósito de inferir (mesmo que apenas conjecturalmente) que as mesmas leis empíricas valerão em qualquer caso novo, é necessário que estejamos bem familiarizados com as causas mais remotas, para que possamos assim evitar a aplicação da lei empírica a casos que diferem em qualquer uma das circunstâncias das quais a verdade da lei, em última análise, depende. Assim, mesmo quando as conclusões derivadas da observação específica estão disponíveis para inferências práticas em casos novos, é necessário que a ciência dedutiva se mantenha como sentinela sobre todo o processo, que recorramos a ela constantemente e que sua sanção seja obtida para toda inferência.

O mesmo vale para todas as generalizações que podem ser baseadas na história. Não somente há tais generalizações, mas, como mostraremos posteriormente, a ciência geral da sociedade, que investiga as leis de sucessão e coexistência dos grandes fatos que constituem o estado de sociedade e de civilização em qualquer época, só pode proceder fazendo tais generalizações — que ela deve, em seguida, confirmar conectando-as com as leis psicológicas e etológicas das quais realmente dependem.

§6. *A Verificação na Ciência Social.*

Mas, deixando a questão anterior para seu lugar adequado, naquelas investigações mais especiais que formam o objeto dos ramos separados da Ciência Social, este duplo procedimento lógico e esta verificação recíproca não são possíveis: a experiência específica não fornece nada equivalente às leis empíricas. Este é particularmente o caso quando o objetivo é determinar o efeito de uma certa causa social em meio a um grande número de causas agindo simultaneamente; o efeito, por exemplo, das leis dos cereais ou de um sistema comercial protecionista em geral. Ainda que, a partir da teoria, possa haver certeza quanto aos *tipos* de efeitos que as leis dos cereais devem produzir e quanto à influência geral que devem imprimir na prosperidade industrial, seus efeitos são, necessariamente, tão disfarçados pelos efeitos similares ou contrários dos outros agentes influenciadores, que a experiência específica pode, no máximo, mostrar que na média de um grande número de instâncias os casos em que as leis dos cereais estavam presentes exibiram o efeito em um grau maior do que os casos em que estas estavam ausentes. Ora, nunca poderá ser obtido o número de instâncias necessárias para esgotar toda a série de combinações das várias circunstâncias influenciadoras e fornecer, assim, uma média legítima. Não apenas não poderemos jamais conhecer com suficiente legitimidade os fatos de tantas instâncias, como o próprio mundo não as fornece em número suficiente nos limites do estado de sociedade e civilização que tais investigações sempre pressupõem. Assim, não havendo generalizações empíricas prévias com as quais comparar as conclusões da teoria, o único modo de verificação direta que resta é compará-las com o resultado de um experimento ou instância individual. Mas aqui a dificuldade é igualmente grande, pois, para verificar a teoria por meio de um experimento, as circunstâncias do experimento devem ser exatamente as mesmas que aquelas contempladas pela teoria. Entretanto, nos fenômenos sociais, as circunstâncias de dois casos nunca são exatamente as mesmas. A experiência dos efeitos das leis dos cereais em outro país ou em uma geração anterior pouco serviria para verificar uma conclusão a respeito desses efeitos extraída para este país e para esta geração. Ocorre assim que, na maior parte dos casos, a única instância individual realmente adequada para verificar as predições da teoria é a própria instância para a qual as predições foram feitas; a verificação vem então muito tarde para ser de alguma utilidade na orientação prática.

Entretanto, apesar da verificação direta ser impossível, há uma verificação indireta que não é de menos valor e que é sempre praticável. A conclusão extraída para o caso individual pode ser verificada diretamente apenas em relação a este caso, mas é verificada indiretamente pela verificação de outras conclusões, extraídas para outros casos individuais a partir das mesmas leis. A experiência que vem demasiado tarde para verificar a proposição particular a qual se refere, não vem muito tarde para ajudar a verificar a suficiência geral da teoria. O critério do grau em que a ciência fornece bases seguras para prever (e consequentemente para lidar em termos práticos) o que ainda não aconteceu é o grau em que ela nos teria permitido prever o que realmente ocorreu. Antes de confiarmos inteiramente em nossa teoria sobre a influência de uma causa particular em um dado estado de circunstâncias, devemos ser capazes de explicar e dar conta do estado existente de todas as partes dos fenômenos sociais que aquela causa tem tendência a influenciar. Se, por exemplo, formos aplicar nossas especulações em Economia Política à predição ou direção dos fenômenos em algum país, deveremos ser capazes de explicar os fatos industriais e mercantis de caráter geral que pertencem ao estado presente daquele país: deveremos apontar as causas suficientes para dar conta de todos eles e provar, ou apresentar boas razões para supor, que estas causas realmente existiram. Se não pudermos fazer isto, é uma prova, ou de que os fatos que deveriam ter sido levados em conta não nos são ainda inteiramente conhecidos, ou de que, apesar de conhecermos os fatos, não possuímos uma teoria suficientemente perfeita para poder assinalar suas consequências. Em ambos os casos não somos, no estado presente de nosso conhecimento, inteiramente competentes para extrair conclusões especulativas ou práticas para aquele país. Da mesma forma, se tentarmos julgar o efeito que qualquer instituição política teria, supondo que pudesse ser introduzida em determinado país, deveremos ser capazes de mostrar que o estado existente do governo deste país e de tudo aquilo que dele depende, assim como o caráter, as tendências particulares do povo e seu estado em relação aos vários elementos do bem-estar social, são tais como se poderia prever que as instituições sob as quais eles vivem, em conjunção com as outras circunstâncias de sua natureza e de sua posição, produziriam.

Em suma,[8] para provar que nossa ciência e nosso conhecimento do caso particular nos torna competentes para prever o futuro, devemos mostrar que teriam nos capacitado a prever o presente e o passado. Se houver qualquer coisa que não podíamos ter previsto, ela constituirá um fenômeno residual cuja explicação exigirá novos estudos; deveremos então, ou buscar, entre as circunstâncias do caso particular, uma que dê conta, de acordo com os princípios de nossa teoria existente, do fenômeno inexplicado, ou voltar atrás e procurar a explicação na extensão e no aperfeiçoamento da própria teoria.

[8] *Variante*: É, portanto, muito bem dito pelo sr. Comte que, para provar...

CAPÍTULO X
DO MÉTODO DEDUTIVO INVERSO OU HISTÓRICO

§1. *Distinção entre a ciência geral da sociedade e as investigações sociológicas especiais.*

Há duas classes de investigação sociológica. Na primeira, a questão é saber qual o efeito que sucederá determinada causa, sendo pressuposta uma certa condição geral das circunstâncias sociais. Por exemplo: qual seria o efeito da imposição ou da revogação das leis dos cereais, da abolição da monarquia ou da introdução do sufrágio universal, supondo-se a condição presente da sociedade e da civilização em algum país europeu ou sob qualquer outra suposição relativa às circunstâncias da sociedade em geral, sem referência às mudanças que poderiam estar ocorrendo ou que já estão em progresso nestas circunstâncias. Mas há também uma segunda investigação, que se pergunta pelas leis que determinam as próprias circunstâncias gerais. Nesta segunda investigação, a pergunta não diz respeito ao efeito de uma dada causa em um certo Estado de Sociedade, mas às causas que produzem e aos fenômenos que caracterizam Estados de Sociedade em geral. A ciência geral da sociedade, pela qual as conclusões dos tipos mais especiais de investigação devem ser limitadas e controladas, consiste na solução desta questão.

§2. *O que é preciso entender por um Estado de Sociedade?*

Para conceber corretamente o escopo desta ciência geral e distingui--la dos departamentos subordinados da especulação sociológica é necessário fixar as ideias ligadas à expressão "um Estado de Sociedade".

O que se chama de um Estado de Sociedade é o estado simultâneo de todos os fatos ou fenômenos sociais mais importantes. Tais são o grau de conhecimento e de cultura intelectual e moral existentes na comunidade e em cada uma de suas classes; o estado da indústria, da riqueza e de sua distribuição; as ocupações habituais da comunidade; sua divisão em classes e as relações destas classes umas com as outras; as crenças comuns a respeito de todas as questões mais importantes à humanidade e o grau de convicção com que adere a elas; seus gostos, bem como o caráter e o grau de seu desenvolvimento estético; sua forma de governo e as leis e costumes mais importantes. A condição de todas estas coisas e de muitas outras que prontamente se oferecem, constitui o Estado de Sociedade ou o estado de civilização de um período determinado.

Quando se fala dos estados de sociedade e das causas que os produzem como objetos de ciência, admite-se, implicitamente, que existe uma correlação natural entre estes diferentes elementos, que nem toda combinação destes fatos sociais gerais é possível, mas apenas algumas; em suma, que existem Uniformidades de Coexistência entre os estados dos vários fenômenos sociais. E isto é verdade, já que é, de fato, uma consequência necessária da influência exercida por cada um desses fenômenos sobre todos os outros. Trata-se de um fato inerente ao *consensus* das várias partes do corpo social.

Os estados de sociedade são como diferentes constituições ou diferentes idades da estrutura física; eles são condições não de um ou de uns poucos órgãos ou funções, mas de todo o organismo. Em conformidade com isto, a informação que possuímos a respeito de épocas passadas e a respeito dos vários estados de sociedade que existem atualmente em diferentes regiões da terra exibem, quando devidamente analisados, uniformidades. Constata-se que quando uma das características da sociedade está em um estado particular, coexiste com ela, sempre ou usualmente, um estado mais ou menos determinado de muitas outras características.

Mas as uniformidades de coexistência obtidas entre os fenômenos que são efeitos de causas devem (como observamos várias vezes) ser corolários das leis de causação pelas quais estes fenômenos são realmente determinados. A correlação mútua entre os diferentes elementos de cada Estado de Sociedade é, portanto, uma lei derivada, resultante das leis que regulam a sucessão entre um Estado de Sociedade e outro; pois a causa próxima de todo Estado de Sociedade é o Estado de Sociedade imediatamente precedente. Portanto, o problema fundamental da Ciência Social é o de encontrar as leis de acordo com as quais um Estado de Sociedade produz o estado que o sucede e o substitui. Isto levanta a importante e controvertida questão a respeito da progressividade do homem e da sociedade, uma ideia que está envolvida em toda concepção adequada do fenômeno social como objeto de ciência.

§3. *A Progressividade do Homem e da Sociedade.*

Dentre as características das ciências da natureza humana e da sociedade há uma que, sem ser-lhes absolutamente própria, assume nelas um grau peculiar: a de tratarem de um objeto cujas propriedades são variáveis. Eu não quero dizer variável de um dia para o outro, mas de época para época, de modo que não somente as qualidades dos indivíduos variam, mas também aquelas da maioria não são as mesmas de uma época para outra.

A principal causa desta peculiaridade é a extensa e constante reação dos efeitos sobre suas causas. As circunstâncias em que a humanidade está colocada, operando de acordo com suas próprias leis e com as leis da natureza humana, formam o caráter dos seres humanos, mas estes, por sua vez, formam e moldam as circunstâncias, tanto para si mesmos como para os que lhes sucederão. Desta ação recíproca resulta, necessariamente, ou um ciclo, ou um progresso. Também em Astronomia, todo fato é ao mesmo tempo efeito e causa; as posições sucessivas dos vários corpos celestes produzem mudanças tanto na direção como na intensidade das forças pelas quais aquelas posições são determinadas. Mas no caso do sistema solar, estas ações mútuas, após um certo número de mudanças, trazem de volta novamente o estado de circunstâncias anterior, o que, evidentemente, leva à recorrência perpétua das mesmas séries em uma ordem invariável. Em suma, esses corpos revolvem em órbitas, mas há, ou, conforme as leis da Astronomia, pode haver, outros que ao invés de uma órbita descrevem uma trajetória — um curso que não retorna sobre si mesmo. Os negócios humanos devem se conformar a um ou outro desses tipos.

Vico, o célebre autor de *Scienza Nuova*, um dos primeiros pensadores que concebeu a sucessão dos eventos históricos como sujeita a leis fixas e que procurou descobri-las por meio de um exame analítico da história, adotou a primeira dessas opiniões. Ele concebia os fenômenos da sociedade humana como revolvendo em uma órbita, passando, periodicamente, pelas mesmas séries de mudanças. Apesar de não faltarem circunstâncias que tendem a dar alguma plausibilidade a esta visão, ela não resistiria a um escrutínio mais cuidadoso. Aqueles que sucederam Vico neste tipo de especulação adotaram, universalmente, a ideia de uma trajetória ou progresso em lugar da ideia de uma órbita ou ciclo.

Os termos Progresso e Progressividade não devem ser entendidos, aqui, como sinônimos de aperfeiçoamento ou tendência ao aperfeiçoamento. É concebível que as leis da natureza humana possam determinar e até mesmo necessitar uma certa série de mudanças no homem e na sociedade que não sejam, em todos os casos ou em sua totalidade, aperfeiçoamentos. De fato, é minha crença que a tendência geral é e continuará a ser, salvo exceções ocasionais e temporárias, uma tendência ao aperfeiçoamento, a um estado melhor e mais feliz. Esta, entretanto, não é uma questão relativa ao método da Ciência Social, mas um teorema da própria ciência. Para nossos propósitos, é suficiente que haja uma mudança progressiva tanto no caráter da raça humana como nas suas circunstâncias externas, na medida em que estas são moldadas pelos homens; que, em cada período sucessivo, os principais fenômenos da sociedade sejam diferentes do que eram no período precedente e ainda mais diferentes do que eram em qualquer período anterior:[1] os períodos que marcam, mais distintamente, essa mudanças sucessivas são os intervalos de uma geração, durante o qual um novo grupo de seres humanos foi educado, passou da infância à maturidade e tomou posse da sociedade.

[1] *Variante*: Os períodos em que essas mudanças sucessivas são mais aparentes (de acordo com a ponderada observação do sr. Comte) são os intervalos...

A progressividade da raça humana é a fundação sobre a qual foi erigida, nos últimos anos, um método de filosofar na Ciência Social muito superior aos dois modos que até então tinham prevalecido, o químico ou experimental e o geométrico. Este método, que é agora, em geral, adotado pelos mais avançados pensadores do continente, consiste em tentar descobrir, por meio de um estudo e de uma análise dos fatos gerais da história, aquilo que esses filósofos chamam a lei do progresso. Esta lei, uma vez estabelecida, deve, de acordo com eles, permitir-nos predizer eventos futuros, assim como em Álgebra podemos, após alguns poucos termos de uma série infinita, detectar o princípio de regularidade que preside sua formação e predizer o restante da série para qualquer número de termos que quisermos. O principal objetivo da especulação histórica em França, nos últimos anos, tem sido o de estabelecer esta lei. Mas ainda que eu reconheça, de bom grado, os grandes serviços que esta escola rendeu ao conhecimento histórico, não posso deixar de imputar a ela uma concepção essencialmente equivocada do verdadeiro método da filosofia social. A concepção equivocada consiste em supor que a ordem de sucessão que podemos ser capazes de assinalar entre os diferentes estados de sociedade e de civilização que a história nos apresenta poderia equivaler a uma lei da natureza. Mesmo que esta ordem fosse mais rigidamente uniforme do que provou ser, ela não pode ser mais do que uma lei empírica. A sucessão de estados da mente e da sociedade humanas não pode ter uma lei própria independente, mas deve, necessariamente, depender das leis psicológicas e etológicas que governam a ação das circunstâncias sobre os homens e dos homens sobre as circunstâncias. É concebível que estas leis e as circunstâncias gerais possam ser de natureza a determinar as transformações sucessivas do homem e da sociedade em uma ordem dada e invariável. Mas ainda que este fosse o caso, o objetivo último da ciência não pode ser o de descobrir uma lei empírica. Até que aquela lei possa ser conectada com as leis psicológicas e etológicas das quais depende e até que, pela consonância da dedução *a priori* com a evidência histórica, possa ser convertida de uma lei empírica em uma lei científica, ela não pode oferecer garantia para a predição de eventos futuros, a não ser, e quando muito, para os casos estritamente adjacentes.² O sr. Comte, entre os da nova escola histórica, apenas viu a necessidade de conectar dessa forma todas as nossas generalizações a partir da história com as leis da natureza humana.³

§4. *As leis de sucessão dos estados de sociedade só podem ser estabelecidas pelo Método Dedutivo Inverso.*

Mas apesar de ser uma regra imperativa nunca introduzir, na Ciência Social, qualquer generalização a partir da história a menos que possamos apontar-lhe fundamentos suficientes na natureza humana, ninguém sustentará, acredito, que partindo dos princípios da natureza humana e das circunstâncias gerais da posição de nossa espécie teria sido possível determinar *a priori* a ordem em que o desenvolvimento humano deve, necessariamente, se realizar e, consequentemente, predizer os fatos gerais da história até o tempo presente. Após um pequeno número dos primeiros termos da série, a influência exercida sobre cada geração pelas gerações que a precederam se torna (como bem observa o último autor a quem nos referimos)⁴ cada vez mais preponderante sobre as outras influências; até que, finalmente, o que somos e fazemos hoje é em pequeno grau o resultado das circunstâncias universais da raça humana ou mesmo de nossas próprias circunstâncias agindo por meio das qualidades originais de nossa espécie, mas, principalmente, das qualidades produzidas em nós por toda a história prévia da humanidade. Está além do alcance das faculdades humanas calcular a partir das leis elementares uma série tão longa de ações e reações entre as Circunstâncias e o Homem, série em que cada termo

---

[2] Mill discute a possibilidade de estendermos leis empíricas a casos adjacentes no tempo e no espaço no Livro III, capítulo 19, §3 do *A System of Logic*. Uma lei empírica deve ser estendida apenas a casos estritamente adjacentes no tempo, isto é, não deve ser estendida para um futuro muito longínquo, porque quanto mais avançamos no tempo, maior a possibilidade de que um evento venha a contrariar as leis causais desconhecidas das quais a lei empírica depende. Com cada prolongamento de tempo, a não ocorrência anterior deste evento torna-se uma garantia cada vez mais fraca de que ele não virá a ocorrer. (N.T.)

[3] *Variante*: E ele apenas, portanto, chegou a resultados verdadeiramente científicos ainda que, nas especulações de outros, serão encontrados muitos *aperçus* felizes e muitas pistas valiosas para os filósofos do futuro.

[4] *Cours de Philosophie Positive*, v. IV. (N.E.)

sucessivo é composto por um número sempre maior e mais variado de partes. A mera extensão da série seria um obstáculo suficiente, pois um ligeiro erro em qualquer um dos termos se multiplicaria em rápida progressão a cada passo subsequente.

Portanto, se a própria série dos efeitos, quando examinada como um todo, não manifestasse nenhuma regularidade, em vão tentaríamos construir uma ciência geral da sociedade. Neste caso, precisaríamos nos contentar com aquela ordem de especulação sociológica anteriormente citada, isto é, em procurar estabelecer qual seria o efeito da introdução de uma causa nova em um Estado de Sociedade supostamente fixo; um conhecimento suficiente para as exigências mais comuns da prática política diária, mas passível de falha nos casos em que o movimento progressivo da sociedade é um dos elementos influenciadores e, portanto, tanto mais precário quanto mais importante é o caso. Mas, visto que tanto as variedades naturais da humanidade como as diversidades originais de circunstâncias locais são muito menos consideráveis do que os pontos de concordância, haverá, naturalmente, um certo grau de uniformidade no desenvolvimento progressivo da espécie e de suas obras. E com o avanço da sociedade esta uniformidade tende a aumentar e não a diminuir, pois a evolução de cada povo, determinada de início exclusivamente pela natureza e circunstâncias deste povo, sofre gradualmente a influência (que se torna cada vez mais forte com o avanço da civilização) das outras nações da terra e das circunstâncias pelas quais elas foram influenciadas. Em conformidade com isto, a História fornece, quando examinada com cuidado, Leis Empíricas da Sociedade. O problema da Sociologia Geral é determiná-las e conectá-las com as leis da natureza humana, por meio de deduções que mostrem que tais eram as leis derivadas que se deveria naturalmente esperar como consequências das leis últimas.

Na verdade, dificilmente é possível, mesmo após a história ter sugerido a lei derivada, demonstrar *a priori* que tal era a única ordem de sucessão ou coexistência pela qual os efeitos poderiam, de maneira consistente com as leis da natureza humana, ter sido produzidos. Podemos, no máximo, mostrar que havia fortes razões *a priori* para esperá-la e que nenhuma outra ordem de sucessão ou de coexistência resultaria com a mesma plausibilidade da natureza do homem e das circunstâncias gerais de sua posição. Frequentemente, não podemos fazer sequer isto, não podemos nem mesmo mostrar que aquilo que ocorreu era provável *a priori*, mas apenas que era possível. Entretanto, este procedimento que constitui, para o Método Dedutivo Inverso que estamos caracterizando, uma real verificação, é tão indispensável como o é a verificação pela experiência específica para os casos em que a conclusão é originalmente obtida por via de dedução direta. As leis empíricas não podem resultar senão de um pequeno número de instâncias, pois poucas são as nações que atingiram um alto estágio de progresso social e menor ainda aquelas que o alcançaram por meio de desenvolvimento próprio e independente. Portanto, se uma ou duas destas poucas instâncias for insuficientemente conhecida ou imperfeitamente analisada em seus elementos e, assim, não for adequadamente comparada com as outras instâncias, é provável que surja uma lei empírica errônea ao invés de uma correta. É assim que as mais errôneas generalizações são continuamente feitas a partir do curso da história: não apenas neste país, onde não se pode dizer ainda que a História seja cultivada como uma ciência, mas em outros países, onde ela é assim cultivada e, além disso, por pessoas bem versadas na matéria. O único controle ou corretivo é a constante verificação por meio de leis psicológicas e etológicas. Podemos acrescentar que somente uma pessoa suficientemente familiarizada com estas leis é capaz de preparar, pela análise dos fatos históricos ou mesmo pela observação dos fenômenos sociais de sua época, os materiais para a generalização histórica. Nenhuma outra pessoa terá consciência da importância comparativa dos diferentes fatos nem saberá, consequentemente, quais os fatos a serem procurados e observados; e será, ainda menos, capaz de estimar a evidência de fatos que, como ocorre com a maior parte, não podem ser estabelecidos pela observação direta ou conhecidos pelo testemunho, mas precisam ser inferidos a partir de marcas.

§5. *A Estática Social ou a Ciência das Co-existências dos Fenômenos Sociais.*

As Leis Empíricas da Sociedade são de dois tipos: umas são uniformidades de coexistência, as outras de sucessão. Conforme a

Ciência Se ocupe em estabelecer e verificar o primeiro ou o segundo tipo de uniformidades, o sr. Comte dá a ela o título, ou de Estática Social, ou de Dinâmica Social, de modo correspondente à distinção, em mecânica, entre as condições de equilíbrio e as condições de movimento, ou, em Biologia, entre as leis da organização e as leis da vida. O primeiro ramo da ciência estabelece as condições de estabilidade na união social, a segunda, as leis do progresso. A Dinâmica Social é a teoria da sociedade considerada em um estado de progressivo movimento e a Estática Social é a teoria do já referido *consensus* existente entre as diferentes partes do organismo social. Em outras palavras, a Estática Social é a teoria das ações e reações mútuas de fenômenos sociais contemporâneos, teoria "que faz abstração,[5] na medida do possível e para propósitos científicos, do movimento fundamental que sempre os modifica gradualmente.

"Deste primeiro ponto de vista, as previsões da Sociologia nos permitirão inferir umas a partir das outras (sujeita a verificação posterior pela observação direta) as várias marcas características de cada modo distinto de existência social, de uma maneira essencialmente análoga àquela que hoje se pratica habitualmente na anatomia do corpo físico. Portanto, este aspecto preliminar da ciência política, supõe, necessariamente, que, contrariamente aos hábitos filosóficos atuais, cada um dos numerosos elementos do estado social, deixando de ser considerado de uma maneira absoluta e independente, seja sempre e exclusivamente concebido como relativo a todos os outros elementos, com a totalidade dos quais está unido por interdependência mútua. Seria supérfluo insistir aqui a respeito da utilidade permanente e importante deste ramo da especulação sociológica. Ele é, em primeiro lugar, a base indispensável da teoria do progresso social. Além disso, pode ser, por si mesmo, imediatamente empregado para substituir, ao menos provisoriamente, a observação direta, que em muitos casos não pode ser constantemente praticada para certos elementos da sociedade, cujo estado real, não obstante, poderá ser assim suficientemente julgado por meio das relações que os conectam com outros elementos previamente conhecidos. A história das ciências pode nos dar alguma

---

[5] *Cours de Philosophie Positive*, v. IV. (N.A.)

noção da importância habitual deste recurso auxiliar, lembrando-nos, por exemplo, de como os erros grosseiros dos meros eruditos sobre os pretensos conhecimentos dos antigos egípcios em Astronomia Superior foram irrevogavelmente dissipados (antes mesmo que uma erudição mais sólida tivesse dado seu parecer sobre a questão) pela simples consideração da inevitável conexão entre o estado geral da Astronomia e o da Geometria Abstrata, então evidentemente em sua infância. Seria fácil citar um grande número de casos análogos cujo caráter não admitiria disputa. Para evitar exageros, entretanto, devemos notar que estas relações necessárias entre os diferentes aspectos da sociedade não podem ser, por sua própria natureza, de tal forma simples e precisas que os resultados observados só possam provir de um único modo de coordenação mútua. Uma tal noção, já bastante estreita para a ciência da vida, seria essencialmente contrária à natureza ainda mais complexa das especulações sociológicas. Mas a apreciação exata desses limites de variação, tanto no estado são como no estado mórbido, constitui, ao menos tanto quanto na anatomia do corpo natural, um complemento indispensável a toda teoria de Sociologia Estática, sem o qual a exploração indireta acima referida poderia induzir, com frequência, a erro.

"Este não é o lugar para demonstrar metodicamente a existência de uma relação necessária entre todos os possíveis aspectos de um organismo social, ponto sobre o qual, ao menos em princípio, há hoje pouca divergência de opinião entre os bons espíritos. De qualquer elemento social que queiramos partir, podemos reconhecer facilmente que ele sempre tem uma conexão mais ou menos imediata com todos os outros elementos, mesmo com aqueles que parecem ser, de início, os mais independentes dele. A consideração dinâmica do desenvolvimento progressivo da humanidade civilizada fornece, sem dúvida, um meio ainda mais eficaz de efetuar esta interessante verificação do *consensus* dos fenômenos sociais, ao revelar a maneira pela qual toda mudança em uma parte qualquer opera imediatamente, ou muito rapidamente, sobre todo o resto. Mas esta indicação pode ser precedida ou, em todo o caso, seguida por uma confirmação de tipo puramente estático, pois, em política como em mecânica, a comunicação de movimento de um objeto para outro prova uma conexão entre eles. Sem descer à interdependência perfeita dos diferentes ramos de uma ciência ou arte, não é evidente que entre as diferentes ciências, bem como entre a maior parte das artes, existe uma tal conexão que se o estado de uma divisão bem nítida delas for suficientemente conhecido podemos inferir, com uma verdadeira segurança científica, o estado contemporâneo de cada uma das outras divisões a partir de suas correlações necessárias? Estendendo esta consideração, podemos conceber a relação necessária que existe entre a condição das ciências em geral e a das artes em geral, exceto que a dependência mútua é menos intensa na medida em que se torna mais indireta. O mesmo se dá quando, ao invés de considerarmos o conjunto dos fenômenos sociais de um povo, examinamos estes fenômenos simultaneamente em diferentes nações contemporâneas, entre as quais não se pode contestar a reciprocidade perpétua de influência, especialmente nos tempos modernos, ainda que o *consensus* deva ser aqui, de ordinário, menos pronunciado e deva decrescer gradualmente com a afinidade dos casos e com a multiplicidade dos contatos, ao ponto de, em alguns casos, desaparecer completamente, como, por exemplo, entre a Europa ocidental e a Ásia oriental, cujos vários estados gerais de sociedade parecem ter sido, até aqui, quase independentes."

Estas observações são seguidas por ilustrações de um dos mais importantes e, até recentemente, mais negligenciados princípios gerais que pode ser considerado como estabelecido nesta divisão da Ciência Social, a saber, a correlação necessária entre a forma de governo existente em uma sociedade e o estado contemporâneo de civilização: uma lei natural que condena como estéreis e inúteis as intermináveis discussões e as inumeráveis teorias a respeito de formas de governo em abstrato, a menos que elas tenham por objetivo o tratamento preparatório de materiais destinados à edificação de uma filosofia melhor.

Como já foi observado, um dos principais resultados da ciência da Estática Social seria o de determinar as condições de uma união política estável. Há algumas circunstâncias que, sendo encontradas em todas as sociedades sem exceção e em maior grau onde a união social é mais completa, podem ser consideradas (quando as leis psicológicas e etológicas confirmarem este primeiro indício) as condições de existência do complexo fenômeno chamado Estado. Por exemplo, nenhuma sociedade numerosa foi jamais mantida sem leis ou usos equivalentes a leis, sem tribunais e uma força organizada de algum tipo para executar suas decisões. Sempre houve autoridades públicas às quais, de uma maneira mais ou menos estrita e em circunstâncias definidas com mais ou menos exatidão, o resto da comunidade obedecia ou, de acordo com a opinião geral, estava obrigada a obedecer. Seguindo este curso de investigação, encontraremos um número de condições que estiveram presentes em toda sociedade que conservou uma existência coletiva e que não podem desaparecer sem que a sociedade seja absorvida por outra ou se reconstrua ela mesma sobre novas bases nas quais as condições foram respeitadas. Apesar destes resultados, obtidos pela comparação de diferentes formas e estados de sociedade, não serem mais do que leis empíricas, se constata que alguns deles, uma vez sugeridos, resultam das leis gerais da natureza humana com tanta verossimilhança que a consonância dos dois procedimentos eleva a evidência à prova e as generalizações à posição de verdades científicas.

Parece que isto pode ser afirmado, por exemplo, das conclusões alcançadas na seguinte passagem, extraída, com algumas alterações, de uma crítica da filosofia negativa do século dezoito[6] e que passo a citar porque, ainda que seja minha (como outras citações anteriores), não tenho nenhum modo de ilustrar melhor a concepção que formei dos tipos de teoremas que a estática sociológica comportaria:

"O primeiro elemento da união social, a obediência a algum tipo de governo, não foi algo fácil de se estabelecer no mundo. Em meio a uma raça tímida e sem vida, como os habitantes das vastas planícies dos países tropicais, a obediência passiva pode ser um desenvolvimento natural, ainda que, mesmo aí, duvidemos de que tal obediência tenha sido jamais encontrada num povo em que o fatalismo ou, em outras palavras, a submissão à pressão das circunstâncias como um

---

[6] Reeditado inteiramente em *Dissertations and Discussions* como o ensaio que conclui o primeiro volume. (N.A.) "Coleridge", *Dissertations and Discussions*, v. I, pp. 393-466; in *Essays on Ethics, Religion and Society*, v. X de *Collected Works*, Toronto: University of Toronto Press, 1969, pp. 117-63. (N.E.)

decreto divino, não prevaleça como uma doutrina religiosa. Mas sempre foi fortemente sentida a dificuldade de induzir uma raça brava e guerreira a submeter seu *arbitrium* individual a um árbitro comum, de tal forma que nada menos do que o poder sobrenatural foi considerado adequado para superar esta dificuldade. Assim, tais tribos sempre atribuíram à origem divina a primeira instituição da sociedade civil. Aqueles especialistas que conheceram os selvagens por experiência têm sobre isso uma opinião muito diferente daqueles que não tiveram qualquer familiaridade com eles exceto no estado civilizado. Na própria Europa moderna, após a queda do Império Romano, foram precisos tantos séculos quantos se passaram desde então para domar a anarquia feudal e levar o povo inteiro de uma nação europeia qualquer a se sujeitar ao governo, e, sem embargo, o Cristianismo, na forma mais concentrada de sua influência, cooperava na tarefa.

"Ora, se estes filósofos tivessem conhecido a natureza humana sob qualquer outro tipo do que aquele encontrado em sua própria época e nas classes particulares da sociedade nas quais viviam, teria-lhes ocorrido que em toda parte onde esta submissão habitual à lei e ao governo foi estabelecida de maneira firme e durável, e onde, entretanto, o vigor e a virilidade de caráter que resistiam a este estabelecimento foram preservados em algum grau, certos requisitos existiram e certas condições tiveram de ser satisfeitas, das quais as seguintes podem ser consideradas as principais:

"Em primeiro lugar existia, para todos aqueles que eram considerados cidadãos — para todos aqueles que não eram escravos oprimidos pela força bruta — um sistema de educação, iniciado na infância e continuando por toda a vida, do qual um ingrediente essencial e permanente, qualquer que fossem os demais elementos, era a *disciplina moderadora*. Educar o ser humano no hábito e portanto na capacidade de subordinar seus impulsos e inclinações àqueles que eram considerados os fins da sociedade; de aderir, contra todas as tentações, ao curso de conduta que aqueles fins prescreviam; de controlar em si mesmo todos os sentimentos que eram suscetíveis de militar contra aqueles fins e encorajar todos os que tendiam em sua direção: tal era o propósito que o poder dirigente do sistema se esforçava por alcançar com a ajuda de todos os motivos exteriores de que podia dispor, de todas as forças ou de todos os princípios internos que seu conhecimento da natureza humana podia evocar. Toda a política civil e militar das antigas comunidades consistia num sistema de educação semelhante; nas nações modernas tentou-se substituí-lo principalmente pelo ensino religioso. Sempre e na proporção em que o rigor da disciplina repressora era relaxada, reafirmava-se a tendência natural da humanidade para a anarquia; o Estado se tornava internamente desorganizado, o conflito mútuo pelo fins egoístas neutralizava as energias para manter a luta contra as causas naturais de males, e a nação, após um intervalo mais ou menos longo de progressiva decadência, tornava-se, ou escrava do despotismo, ou presa de um invasor estrangeiro.

"A segunda condição de uma sociedade política estável é a existência, sob uma forma ou outra, de um sentimento de fidelidade ou lealdade. Este sentimento pode variar em seus objetivos e não está limitado a uma forma particular de governo mas, seja numa democracia, seja numa monarquia, sua essência é sempre a mesma, a saber, que há na constituição do Estado *algo* que está estabelecido, algo que é permanente e não deve ser colocado em questão, algo que, pelo acordo geral, tem o direito de estar onde está e de ser garantido contra a desordem, quaisquer que possam ser as outras mudanças. Este sentimento pode se ligar, como entre os judeus e na maior parte das comunidades da Antiguidade, a um Deus ou deuses comuns, protetores e guardiões do Estado. Pode se ligar a certas pessoas que são consideradas como guias ou protetoras das demais, seja por designação divina, seja por uma longa prescrição ou, ainda, pelo reconhecimento de sua capacidade e dignidade superiores. Pode se vincular a leis, a ordenações ou privilégios antigos ou, finalmente, pode se ligar (e esta é, provavelmente, a única forma em que o sentimento pode existir daqui por diante) aos princípios da liberdade individual e da igualdade social e política, tal como concebidos em instituições que ainda não existem em nenhum lugar ou existem apenas em estado rudimentar. Mas em todas as sociedades políticas que tiveram uma existência durável houve algum ponto fixo, algo que as pessoas concordavam em ter como sagrado e que, em todos os lugares em que a liberdade de discussão era um princípio reconhecido, era obviamente legítimo contestar em teoria, mas que ninguém poderia temer ou esperar ver abalado na prática. Em suma, algo que, exceto talvez durante uma crise temporária, era colocado pela opinião comum acima de toda discussão. É fácil pôr em evidência a necessidade disto. Um estado nunca está por muito tempo isento de dissensão interna e não pode esperar que o esteja até que a humanidade se aperfeiçoe profundamente, pois não há nem jamais houve qualquer Estado de Sociedade em que não tenha ocorrido colisões entre os interesses e paixões imediatas de poderosos setores da população. O que, então, permite às nações resistir a estas tempestades e atravessar os períodos de turbulência sem que sejam enfraquecidas para sempre as garantias de uma existência pacífica? Precisamente isto: por mais importantes que fossem os interesses que dividiam os homens, o conflito não afetava o princípio fundamental do sistema de união social existente, nem ameaçava partes consideráveis da comunidade com a subversão daquilo sobre o qual elas baseavam seus cálculos e com o qual suas esperanças e propósitos se tornaram identificados. Mas quando o questionamento destes princípios fundamentais não é uma doença acidental ou um remédio salutar, mas a condição habitual do corpo político, e quando todas as animosidades violentas que resultam naturalmente de uma tal situação são desencadeadas, o Estado está, virtualmente, numa posição de guerra civil e não pode de fato permanecer livre dela por muito tempo.

"A terceira condição essencial de estabilidade em uma sociedade política é um forte e ativo princípio de coesão entre os membros do mesmo Estado ou comunidade. É desnecessário esclarecer que não quero dizer com isso nacionalidade, no sentido vulgar do termo, isto é, uma insensata antipatia aos estrangeiros, uma indiferença ao bem-estar geral da raça humana, uma preferência injusta pelos supostos interesses de nosso próprio país, uma estima das particularidades ruins porque são nacionais ou uma recusa em adotar o que outros países constataram como bom. Eu quero dizer com isso um princípio de simpatia, não de hostilidade, de união, não de separação, um sentimento de interesse comum entre aqueles que vivem sob o mesmo governo e que estão incluídos nas mesmas fronteiras naturais ou históricas. Eu quero dizer com isso que uma parte da comunidade não se considera estrangeira em relação a outra parte, que elas valorizam sua conexão, sentem que constituem um povo, que seus destinos são solidários, que o mau a um dos seus compatriotas é um mau a elas mesmas e que não desejam, rompendo a união, se livrar egoisticamente da parte que lhes cabe em qualquer dificuldade comum. Todos sabem qual foi a força deste sentimento naquelas antigas comunidades que atingiram uma grandeza duradoura. Quando alguém que deu a devida atenção ao tema se der ao trabalho de assinalar, será evidenciado com que êxito Roma conseguiu estabelecer, a despeito de toda a sua tirania, o sentimento de uma nação comum entre as províncias de seu vasto e dividido império. Nos tempos modernos, as nações mais poderosas foram as que tiveram aquele sentimento no mais alto grau: a Inglaterra, a França e, na proporção de seus territórios e recursos, a Holanda e a Suíça; enquanto a Inglaterra, em sua união com a Irlanda, é um dos mais notáveis exemplos da ausência daquele sentimento. Todo italiano sabe por que a Itália está sob o jugo estrangeiro, todo alemão sabe o que mantém o despotismo no império austríaco; os males da Espanha surgem tanto da ausência de nacionalidade entre os próprios espanhóis como de sua presença nas relações com os estrangeiros. A mais completa de todas as ilustrações é fornecida pelas repúblicas da América do Sul, onde as partes de um só e mesmo Estado estão tão debilmente ligadas umas com as outras que uma província que se considera lesada pelo governo geral se proclama imediatamente uma nação separada."[7]

§6. *A Dinâmica Social ou a Ciência das Sucessões dos Fenômenos Sociais.*

Enquanto as leis derivadas da Estática Social são estabelecidas pela análise e comparação dos diferentes estados de sociedade sem levar em conta a ordem de sua sucessão, a consideração desta ordem é, ao contrário, predominante no estudo da dinâmica social, cujo

---

[7] Escrito e publicado pela primeira vez em 1840. (N.A.) *Westminster Review*, XXXIII, mar. 1840; "Coleridge", *Dissertations and Discussions*, v. I, pp. 415-21; *Collected Works*, v. X, pp. 132-6. (N.E.)

propósito é observar e explicar as sequências dos estados sociais. Este ramo da Ciência Social alcançaria toda a perfeição de que é suscetível se cada uma das principais circunstâncias gerais de cada geração fosse remetida às suas causas na geração imediatamente precedente. Mas o *consensus* é tão completo (sobretudo na história moderna) que, na filiação de uma geração a outra, é o todo que produz o todo, mais do que uma parte uma parte. Portanto, sem a determinação prévia das leis imediatas ou derivadas de acordo com as quais os estados sociais, na medida em que a sociedade avança, geram-se uns aos outros — leis que são os *axiomata media* da Sociologia Geral —, pouco progresso pode ser feito no estabelecimento da filiação diretamente a partir das leis da natureza humana.

As leis empíricas que são mais facilmente obtidas pela generalização a partir da história não possuem esta característica. Elas não são em si mesmas os "princípios médios", mas apenas evidências para o estabelecimento de tais princípios. Consistem em certas tendências gerais que podem ser percebidas na sociedade: um crescimento progressivo de alguns elementos sociais e a diminuição de outros ou uma mudança gradual no caráter geral de certos elementos. Vê-se facilmente, por exemplo, que, na medida em que a sociedade avança, as qualidades mentais tendem a prevalecer cada vez mais sobre as qualidades físicas e as massas sobre os indivíduos; que a ocupação de toda aquela parte da humanidade que não está sob constrangimento externo é, de início, principalmente militar, mas que, progressivamente, a sociedade se torna cada vez mais absorvida por trabalhos produtivos e que o espírito militar cede gradualmente ao industrial; muitas outras verdades similares a estas poderiam ser acrescentadas. Generalizações desta espécie satisfazem os investigadores comuns, mesmo os da escola histórica, hoje predominante no continente. Mas estes e outros resultados semelhantes estão ainda a uma grande distância das leis elementares da natureza humana de que dependem; há muitos elos intermediários e a concorrência das causas em cada elo é muita complicada para que se possa apresentar estas proposições como corolários diretos daqueles princípios elementares. Portanto, na mente da maior parte dos investigadores elas conservam o caráter de leis empíricas, aplicáveis apenas dentro dos limites da observação presente, sem que se tenha os meios para determinar seus limites reais e para julgar se as mudanças que estiveram em progresso até aqui estão destinadas a continuar indefinidamente, a acabar ou até mesmo a ser revertida.

§7. Esboço do Método Histórico.

Para obter melhores leis empíricas não devemos nos contentar em notar as mudanças progressivas que se manifestam nos elementos separados da sociedade, que não indicam nada a não ser a relação entre fragmentos do efeito e os correspondentes fragmentos da causa. É necessário combinar a visão estática do fenômeno social com a visão dinâmica, considerando não apenas as mudanças progressivas dos diferentes elementos mas a condição contemporânea de cada um, para obter assim empiricamente a lei de correspondência não apenas entre os estado simultâneos, mas entre as mudanças simultâneas destes elementos. É esta lei de correspondência que, devidamente verificada *a priori*, viria a ser a verdadeira lei científica derivada a respeito do desenvolvimento da humanidade e dos acontecimentos humanos.

No difícil processo de observação e comparação que é aqui exigido, seria evidentemente de grande ajuda se de fato acontecesse que algum elemento na complexa existência do homem social predominasse sobre todos os outros enquanto agente principal do movimento social. Pois poderíamos então tomar o progresso deste elemento como a cadeia central, a cada elo sucessivo da qual seriam suspensos os elos correspondentes de todas as outras progressões. A sucessão dos fatos seria apresentada assim em um tipo de ordem espontânea, muito mais próxima de sua ordem real de filiação do que poderia ser obtido por qualquer outro procedimento meramente empírico.

Ora, a evidência da história e da natureza humana se combinam, num notável exemplo de consonância, para mostrar que há realmente um elemento social que é assim predominante e quase soberano entre os agentes da progressão social. Trata-se do estado das faculdades especulativas da humanidade, incluindo-se aí a natureza das crenças que o homem alcançou, por quaisquer meios, a respeito de si mesmo e do mundo que o cerca.

Seria um grande erro, embora seja pouco verossímil que possa ser cometido, afirmar que a especulação, a atividade intelectual, a busca da verdade estão entre as propensões mais poderosas da natureza humana ou ocupam um lugar predominante na vida dos indivíduos, a não ser daqueles que são decididamente excepcionais. Mas apesar da relativa fraqueza deste princípio quando comparado a outros fatores sociológicos, sua influência é a principal causa determinante do progresso social; todas as outras disposições de nossa natureza que contribuem para este progresso dependem daquele princípio como meio de realizar sua parte na obra. Assim, para tomar de início o caso mais óbvio, a força que impele a maior parte dos aperfeiçoamentos efetuados nas artes úteis à vida é o desejo de aumentar o conforto material, mas como só podemos agir sobre os objetos externos na proporção de nosso conhecimento sobre eles, o estado do conhecimento em uma época dada é o limite dos aperfeiçoamentos industriais possíveis nesta época e o progresso da indústria deve seguir e depender do progresso do conhecimento. Pode-se mostrar que a mesma coisa é verdadeira, ainda que de uma maneira não tão óbvia, do progresso das belas artes. Além disso, como as inclinações mais fortes da natureza humana não civilizada ou semicivilizada (isto é, as puramente egoístas e aquelas de caráter simpático que compartilham, em sua maior parte, da natureza do egoísmo) tendem evidentemente, por si mesmas, a desunir os homens e não a uni-los, a torná-los rivais e não aliados, a existência social só é possível quando se disciplina estas inclinações mais poderosas, subordinando-as a um sistema comum de opiniões. O grau desta subordinação mede a perfeição da união social e a natureza das opiniões comuns determina seu tipo. Mas para que os homens conformem suas ações a qualquer conjunto de opiniões, é preciso que estas opiniões existam e que os homens acreditem nelas. Assim, o estado das faculdades especulativas, o caráter das proposições admitidas pela inteligência determinam essencialmente o estado político e moral da comunidade, como vimos que determina o material.

Estas conclusões, deduzidas das leis da natureza humana, estão em perfeito acordo com os fatos gerais da história. Toda mudança considerável, historicamente conhecida, na condição de uma fração qualquer da humanidade foi precedida, quando não efetuada por forças externas, por uma mudança de extensão proporcional no estado de seu conhecimento ou em suas crenças predominantes. Assim como, entre um estado dado da especulação e o estado correlativo de qualquer outro elemento foi quase sempre o primeiro que se manifestou inicialmente, ainda que os efeitos, sem dúvida, reajam poderosamente sobre a causa. Todo avanço considerável na civilização material foi precedido por um avanço no conhecimento e quando uma grande mudança social ocorreu, seja por um desenvolvimento gradual, seja por um conflito súbito, ela teve como precursor uma grande mudança nas opiniões e nas maneiras de pensar da sociedade. O politeísmo, o judaísmo, o cristianismo, o protestantismo, a filosofia crítica da Europa moderna e sua ciência positiva, foram, todos, os principais fatores na formação da sociedade em cada período sucessivo, enquanto a sociedade foi apenas secundariamente um instrumento na formação deste fatores, cada um deles sendo principalmente, tanto quanto causas podem ser atribuídas à sua existência, uma emanação do estado anterior de crença e pensamento e não da vida prática do período. Portanto, a fraqueza da inclinação especulativa na humanidade não impediu, em geral, que o progresso da especulação governasse, no conjunto, o da sociedade. Apenas nos lugares em que o progresso intelectual, pela falta de circunstâncias suficientemente favoráveis, deteve-se prematuramente, aquela fraqueza impediu completamente o progresso.

Esta evidência acumulada nos autoriza a concluir que a ordem do progresso humano em todos os aspectos dependerá, principalmente, da ordem do progresso das convicções intelectuais da humanidade, isto é, da lei das transformações sucessivas das[8] opiniões humanas. Resta saber se esta lei pode ser determinada, primeiro, a partir da história como uma lei empírica, em seguida, convertida em um teorema científico deduzindo-a *a priori* dos princípios da natureza humana.

---

[8] *Variante*: Transformações sucessivas da religião e da ciência.

Como os progressos do conhecimento e as mudanças nas opiniões da humanidade são muito lentos e só se manifestam de uma maneira bem definida em longos intervalos, não se pode esperar que a ordem geral de sequência seja descoberta por uma investigação que não leve em conta uma parte bastante considerável da duração do progresso social. É necessário considerar a totalidade do tempo passado, desde o primeiro registro da condição da raça humana até os memoráveis fenômenos das últimas gerações e da presente.

§8. *Perspectivas futuras da investigação sociológica.*

A investigação que procurei assim caracterizar foi, até o momento presente, empreendida de um modo sistemático apenas pelo sr. Comte. Sua obra é, até aqui, o único exemplo conhecido do estudo dos fenômenos sociais de acordo com esta concepção do Método Histórico. Sem discutir aqui o valor de suas conclusões e especialmente de suas predições e recomendações com respeito ao futuro da sociedade, que me parecem muito inferior à sua apreciação do passado, vou me limitar a mencionar uma importante generalização, que Comte considera como a lei fundamental do progresso do conhecimento humano. A especulação, pensa Comte, passa, em cada um dos objetos que o homem investiga, por três fases sucessivas: na primeira, ela tende a explicar os fenômenos por meio de agentes sobrenaturais; na segunda, por abstrações metafísicas; e na terceira ou última fase, limita-se a determinar suas leis de sucessão e similitude. Esta generalização, segundo me parece, tem aquele alto grau de evidência científica que resulta da concorrência das indicações da história com as probabilidades derivadas da constituição da mente humana. Dificilmente se conceberia, a partir da mera enunciação desta proposição, a luz que lança sobre o curso inteiro da história quando suas consequências são extraídas por meio da conexão de cada uma das três fases do intelecto humano e de cada modificação sucessiva destas três fases com a condição correlativa de outros fenômenos sociais.[9]

[9] Porque se compreende mal sua real significação, esta grande generalização é frequentemente criticada de maneira desfavorável (como, por exemplo, pelo dr. Whewell). A doutrina

Mas, qualquer que possa ser a decisão pronunciada pelos juízes competentes a respeito dos resultados alcançados por qualquer investigador individual, o método que acabamos de caracterizar é aquele pelo qual devem ser buscadas as leis derivadas da ordem e do progresso social. Com sua ajuda, podemos conseguir, de agora em diante, não apenas estender nosso olhar sobre a história futura da raça humana, como determinar os meios artificiais que podem ser empregados e até que ponto estes podem ser usados para acelerar o progresso natural no que este tem de vantajoso, para compensar suas inconveniências ou desvantagens naturais e para nos guardar contra os perigos ou acidentes aos quais nossa espécie está exposta pelos

<small>segundo a qual a explicação teológica dos fenômenos pertence apenas à infância de nosso conhecimento não deve ser interpretada como se fosse equivalente à asserção de que a humanidade, com o avanço do conhecimento, deixará de acreditar em qualquer tipo de teologia. Esta era a opinião de Comte, mas ela não está, de nenhuma forma, implicada em seu teorema fundamental. Tudo o que está aí implicado é que, numa fase avançada do conhecimento humano, não será reconhecido nenhum outro Governador do Mundo senão aquele que governa por meio de leis universais e que, a não ser em casos muito excepcionais, não produz eventos por intervenções especiais. Originalmente, todos os eventos naturais eram atribuídos a tais intervenções. Atualmente, todas as pessoas instruídas rejeitam esta explicação para todas as classes de fenômenos cujas leis foram plenamente determinadas, apesar de alguns não terem chegado ainda ao ponto de referir todos os fenômenos à ideia de Lei e acreditarem que a chuva e o nascer do sol, a fome e a peste, a vitória e a derrota são questões que o Criador não confiou à operação de suas leis gerais, mas reservou para ser decidido por atos expressos de vontade. A teoria do sr. Comte é a negação desta doutrina. Da mesma forma, o dr. Whewell compreende mal a doutrina de Comte a respeito da fase metafísica da especulação. O sr. Comte não quer dizer que as "discussões concernentes a ideias" estão limitadas a uma fase primitiva da investigação e cessam quando a ciência entra em sua fase positiva (*Philosophy of Discovery*, pp. 226 ss). Nas especulações do sr. Comte, coloca-se tanta ênfase no processo de clarificar nossas concepções como no de estabelecer os fatos. Quando o sr. Comte fala da fase metafísica da especulação, ele quer se referir à fase em que os homens falam da "Natureza" e outras abstrações como se fossem forças ativas, produzindo efeitos; fase em que se falava que a Natureza faz isso e proíbe aquilo; em que se oferecia, como explicações dos fenômenos, o horror da natureza ao vácuo, sua não admissão de um salto e sua *vis medicatrix*; em que as qualidades das coisas eram equivocadamente tomadas como entidades reais residentes nas coisas; em que se pensava que os fenômenos dos corpos vivos deviam ser explicados pela referência a uma "força vital"; em suma, fase em que os nomes abstratos dos fenômenos eram equivocadamente tomados pelas causas de sua existência. Neste sentido da palavra não se pode razoavelmente negar que a explicação metafísica dos fenômenos, juntamente com a teológica, cede diante do avanço da ciência real. Quanto aos mal-entendidos referentes à fase positiva e final, tal como concebida pelo sr. Comte, assinalei anteriormente que, não obstante algumas expressões suscetíveis de uma crítica justa, o sr. Comte jamais pensou em negar a legitimidade das pesquisas a respeito de todas as causas acessíveis à investigação humana. (N.A.)</small>

necessários incidentes de sua progressão. Tais instruções práticas, fundadas sobre o mais alto ramo da Sociologia especulativa, formará a parte mais nobre e mais útil da Arte Política.

É evidente que os fundamentos desta ciência e arte estão apenas começando a ser assentados. Mas as mentes superiores estão se voltando para este estudo. Tornou-se o objetivo dos pensadores verdadeiramente científicos ligar por meio de teorias os fatos da história universal: reconhece-se que um dos requisitos de um sistema geral de doutrina social é que explique, na medida em que os dados existirem, os principais fatos da história, e admite-se, em geral, que uma Filosofia da História é, ao mesmo tempo, a verificação e a forma inicial da Filosofia do Progresso da Sociedade.

Se as tentativas que ora se fazem em todas as nações mais cultivadas para a construção de uma Filosofia da História e que começam a ser feitas até mesmo na Inglaterra (habitualmente a última a entrar no movimento geral da mente europeia) forem dirigidas e controladas por estas concepções da natureza da evidência sociológica que tentei caracterizar (de maneira muito breve e imperfeita), elas não podem deixar de dar nascimento a um sistema sociológico distante do caráter vago e conjectural de todas as tentativas anteriores e digno de tomar seu lugar, finalmente, entre as ciências. Quando vier este tempo, nenhum ramo importante dos acontecimentos humanos será abandonado ao empiricismo e às conjecturas sem base científica. O círculo do conhecimento humano estará completado e não poderá, desde então, estender-se de outro modo que por uma expansão interior contínua.

CAPÍTULO XI
ELUCIDAÇÕES ADICIONAIS A RESPEITO DA CIÊNCIA DA HISTÓRIA

§1. *A sujeição dos fatos históricos a leis uniformes é verificada pela estatística.*

A doutrina que os capítulos precedentes pretenderam apoiar e elucidar — a de que a série coletiva dos fenômenos sociais ou, em outras palavras, o curso da história, está sujeito a leis gerais que a filosofia pode detectar — tem sido, há várias gerações, familiar aos pensadores científicos do continente e, no último quarto de século, passou do domínio particular para o dos jornais e da discussão política ordinária. Em nosso país, entretanto, ao tempo da primeira publicação deste Tratado, a doutrina era quase uma novidade e os hábitos de pensamento prevalecentes a respeito das questões históricas eram precisamente o inverso de uma preparação para enfrentar tais questões. Desde então, ocorreu uma grande mudança, promovida, de maneira notável, pela importante obra do sr. Buckle[1] que, com sua energia característica, lançou este grande princípio, juntamente com numerosas e surpreendentes exemplificações, na arena da discussão popular para que fosse aí atacado e defendido pelos combatentes na presença de espectadores que jamais teriam conhecido a existência de um tal princípio se tivessem que aprendê-lo pelas especulações da ciência pura. Surgiu assim uma quantidade considerável de controvérsias, tendendo não apenas a tornar o princípio rapidamente familiar à maioria das mentes cultivadas, mas também a livrá-lo das confusões e equívocos pelos quais era natural que fosse por algum tempo obscurecido, confusões e equívocos que prejudicam a apreciação

---

[1] Buckle, H. T. *History of Civilization in England*, 2 v. Londres: Parker, 1857, 1861. (N.E.)

da doutrina por parte daqueles que a aceitam e que são o obstáculo a muitos que não a aceitam.

Dentre os obstáculos que impedem o reconhecimento geral, pelas mentes rigorosas, da sujeição dos fatos históricos a leis científicas, o mais fundamental continua a ser aquele que se baseia na doutrina do Livre-Arbítrio, ou, em outras palavras, na negação de que a lei da causação invariável se aplica às vontades humanas; de fato, se esta não se aplica, o curso da história, sendo o resultado das vontades humanas, não pode estar sujeito a leis científicas, pois as vontades das quais depende não pode ser nem prevista nem, após sua ocorrência, reduzida a qualquer cânon de regularidade. Discuti esta questão, até o ponto em que me pareceu adequado na ocasião, em um capítulo anterior e, aqui, considero necessário apenas repetir que a doutrina da Causação das ações humanas, impropriamente chamada de doutrina da Necessidade, não afirma nenhum *nexus* misterioso ou fatalidade absoluta: ela afirma apenas que as ações humanas são o resultado conjunto das leis gerais e circunstâncias da natureza humana e do caráter particular dos homens, este caráter sendo, por sua vez, consequência das circunstâncias naturais e artificiais que constitui a educação do homem, entre as quais deve ser considerada seus próprios esforços conscientes. Quem quer que esteja disposto a aceitar, se me permitem a expressão, o incômodo de pensar na doutrina assim formulada, descobrirá, acredito, que ela é não apenas uma interpretação fiel da experiência universal da conduta humana, mas uma representação correta do modo pelo qual cada um, em cada caso particular, interpreta espontaneamente sua própria experiência desta conduta.

Mas se este princípio é verdadeiro a respeito do homem individual, precisa ser verdadeiro do homem coletivo. Se ele é a lei da vida humana, a lei precisa ser realizada na história. A experiência dos acontecimentos humanos, quando examinada *en masse*, precisa estar de acordo com o princípio se este for verdadeiro ou contradizê-lo se for falso. O apoio que esta verificação *a posteriori* fornece à lei é a parte da questão que o sr. Buckle iluminou do modo mais claro e triunfante.

Os fatos da estatística, desde que se tornaram objeto de cuidadosa coleta e estudo, levaram a algumas conclusões surpreendentes para as pessoas não habituadas a considerar as ações humanas como sujeitas a leis uniformes. Os eventos que, por sua própria natureza, parecem ser os mais caprichosos e incertos e que, em qualquer caso individual, nenhum grau alcançável de conhecimento nos permitiria prever, ocorrem, quando os tomamos em grandes números, com um grau de regularidade quase matemática. Que ato consideraríamos mais completamente dependente do caráter individual e do exercício do livre-arbítrio individual do que o assassinato de um de nossos semelhantes? Entretanto, em qualquer país extenso, o número de assassinatos, em proporção à população, varia (foi constatado) muito pouco de um ano a outro e suas variações jamais se desviam muito de uma certa média. E, o que é ainda mais notável, a mesma constância aproximada se encontra na proporção dos assassinatos cometidos anualmente com cada tipo particular de instrumento. De modo similar, há uma identidade aproximada no número comparativo de nascimentos legítimos e ilegítimos entre um ano e outro. O mesmo é válido para suicídios, acidentes e todos os outros fenômenos sociais cujo registro é suficientemente perfeito. Um dos exemplos mais curiosos é o fato, determinado pelos registros dos correios de Londres e Paris, de que o número de cartas em que se esqueceu de colocar o endereço, em proporção ao número total de cartas enviadas ao correio, é praticamente o mesmo de um ano a outro. "Ano após ano", diz o sr. Buckle, "a mesma proporção de missivistas esquece este simples ato, de modo que podemos prever, para cada período sucessivo, o número de pessoas cuja memória para este evento insignificante e, como poderia parecer, acidental, irá falhar".[2]

Este grau singular de regularidade *en masse*, combinado com a extrema irregularidade dos casos que compõem a massa, é uma feliz verificação *a posteriori* da lei de causação na sua aplicação à conduta humana. Assumindo a verdade desta lei, toda ação humana, por exemplo, todo assassinato, é o resultado combinado de dois grupos de causas. De uma parte, as circunstâncias gerais do país e de seus habitantes, as influências morais, educacionais, econômicas e todas aquelas que operam sobre a totalidade da população e que constituem

---

[2] Buckle. *History of Civilisation*, v. I, 30. (N.A.)

o que chamamos de estado de civilização. De outra parte, a grande variedade de influências especiais ao indivíduo: seu temperamento e outras peculiaridades de sua organização, seu parentesco, suas relações habituais, tentações e assim por diante. Se tomarmos todas as instâncias que ocorrem em um campo largo o suficiente para esgotar todas as combinações destas influências especiais ou, em outras palavras, para eliminar o acaso, e se todas estas instâncias ocorrerem em limites de tempo estreitos o bastante para que nenhuma mudança essencial sobrevenha nas influências gerais que constituem o estado de civilização do país, então podemos estar certos de que, se as ações humanas são governadas por leis invariáveis, o resultado agregado será algo que se aproxima de uma quantidade constante. Como o número de assassinatos cometidos naqueles limites de tempo e espaço é, de uma parte, o efeito de causas gerais que não variaram e, de outra parte, de causas parciais cujo âmbito total de variações foi abarcado, ele será, praticamente falando, invariável.

Literalmente e matematicamente invariável este número não é e nem se poderia esperar que fosse, pois o período de um ano é muito curto para incluir *todas* as possíveis combinações de causas parciais e, ao mesmo tempo, é suficientemente longo para tornar provável que, ao menos em alguns anos da série, novas influências de um caráter mais ou menos geral tenham sido introduzidas, tais como uma polícia mais vigorosa ou mais moderada, alguma excitação temporária produzida por causas políticas ou religiosas, ou algum incidente geralmente notório que age de modo mórbido sobre a imaginação. O fato de que, a despeito destas inevitáveis imperfeições nos dados, a margem de variação nos resultados anuais seja tão insignificante é uma esplêndida confirmação da teoria geral.

§2. *A sujeição dos fatos históricos a leis uniformes não implica a insignificância das causas morais.*

As mesmas considerações que assim corroboram de maneira notável a evidência da doutrina segundo a qual os fatos históricos são efeitos invariáveis de causas, tendem, igualmente, a livrar a doutrina de várias interpretações equivocadas postas em evidência por discussões recentes. Algumas pessoas, por exemplo, imaginam, aparentemente, que a doutrina implica não apenas que o número total de assassinatos cometidos em um certo limite de espaço e tempo é inteiramente o efeito das circunstâncias gerais da sociedade, mas também que cada assassinato particular o é, que o assassino é, por assim dizer, um mero instrumento nas mãos de causas gerais e que não tem nenhuma opção ou, se tiver e a escolher, um outro terá, necessariamente, que substituí-lo, como se a doutrina implicasse que, caso um dos assassinos tivesse desistido do crime, uma nova pessoa, que de outra forma permaneceria inocente, teria de cometer um assassinato extra para compor a média. Tal corolário certamente condenaria ao absurdo qualquer teoria que o implicasse necessariamente. É óbvio, entretanto, que cada assassinato particular depende não apenas do estado geral da sociedade, mas deste estado combinado com causas especiais ao caso, causas que são, geralmente, muito mais poderosas; se estas causas especiais, mais influentes do que as gerais na determinação de cada assassinato particular, não têm nenhuma influência sobre o número de assassinatos em um certo período, é porque o campo de observação é tão extenso que abarca todas as combinações possíveis de causas especiais — todas as variedades do caráter individual e toda tentação individual compatível com o estado geral da sociedade. O experimento coletivo, como podemos chamá-lo, separa exatamente o efeito das causas gerais do efeito das especiais, mostrando o resultado líquido das primeiras, embora nada declare acerca do valor da influência das causas especiais, seja este maior ou menor do que o das causas gerais, pois a escala do experimento se estende a um número de casos em que os efeitos das causas especiais se equilibram e desaparecem no das causas gerais.

Eu não alegarei que todos os defensores da teoria sempre souberam evitar semelhante confusão em sua linguagem nem que nunca revelaram qualquer tendência para exagerar a influência das causas gerais às custas das especiais. Ao contrário, sou da opinião de que cometeram tais confusões em uma larga medida e que, assim fazendo, sobrecarregaram sua teoria com dificuldades e a deixaram exposta a objeções que não a afetam necessariamente. Alguns, por exemplo, entre os quais o próprio sr. Buckle, inferiram ou permitiram a suposição de que inferiram, a partir da regularidade na recorrência dos eventos dependentes de qualidades morais, que as qualidades morais da humanidade são pouco suscetíveis de aperfeiçoamento ou que, comparadas às causas intelectuais ou econômicas, são de pouca importância no progresso geral da sociedade. Mas extrair esta inferência é esquecer que as tabelas estatísticas das quais as médias invariáveis são deduzidas foram compiladas de fatos que ocorrem em limites geográficos estreitos e em um pequeno número de anos sucessivos, isto é, foram compiladas a partir de um campo cuja totalidade estava sob a ação das mesmas causas gerais e durante um período de tempo muito curto para permitir grandes mudanças nesta ação. Todas as causas morais, exceto aquelas comuns ao país em geral, foram eliminadas pelo grande número de instâncias tomadas e as causas comuns não variaram consideravelmente no curto intervalo de tempo compreendido nas observações. Se admitirmos a suposição de que variaram e se compararmos períodos, países ou até mesmo partes de um país, diferindo em posição e caráter quanto aos elementos morais, os crimes cometidos anualmente não fornecerão mais o mesmo agregado numérico, mas um muito diferente. De fato, não poderia ser de outra forma pois, assim como todo crime particular cometido por um indivíduo depende principalmente de suas qualidades morais, os crimes cometidos pela população inteira do país deve depender, no mesmo grau, de suas qualidades morais coletivas. Para tornar este elemento inoperante na larga escala, seria necessário supor que a média moral geral da humanidade não varia de país para país ou de período para período, o que não é verdade e, ainda que o fosse, não poderia ser provado por qualquer estatística existente. Entretanto, não estou menos de acordo com a opinião do sr. Buckle segundo a qual o elemento intelectual na humanidade, incluindo-se neste a natureza das crenças, a soma dos conhecimentos e o desenvolvimento da inteligência, é a circunstância predominante na determinação de seu progresso. Mas sou desta opinião não porque considero a condição econômica ou moral fatores menos poderosos ou variáveis e sim porque estes são, em grande medida, consequências da condição intelectual e são, em todos os casos, limitados por esta condição, como observamos no capítulo precedente. As mudanças intelectuais são os fatores mais proeminentes na história, não por sua força superior considerados em si mesmos, mas porque operam com as forças reunidas de todos.[3]

§3. *A sujeição dos fatos históricos a leis uniformes não implica a ineficácia do caráter dos indivíduos e dos atos dos governos.*

É preciso fazer aqui uma outra distinção, extremamente importante e frequentemente negligenciada na discussão desse tema. A teoria da sujeição do progresso social a leis invariáveis é, muitas vezes, defendida juntamente com a doutrina segundo a qual o progresso social não pode ser essencialmente influenciado pelos esforços das pessoas individuais ou pelos atos dos governos. Mas estas opiniões, ainda que sejam frequentemente sustentadas pelas mesmas pessoas, são muito diferentes. A confusão entre elas consiste no eterno e recorrente erro de confundir Causação com Fatalismo. Do fato de que tudo aquilo que ocorrer, as vontades humanas como o resto, será efeito de causas,

---

[3] Um amigo íntimo do sr. Buckle me assegurou que este não teria recusado assentimento a tais observações nem nunca pretendeu afirmar ou implicar que a humanidade não é progressiva em suas qualidades morais como o é em suas qualidades intelectuais. "Ao lidar com este problema, ele se valeu do artifício utilizado pelo economista político, que desconsidera os sentimentos generosos e benevolentes e funda sua ciência na proposição segundo a qual a humanidade é influenciada apenas pelas inclinações aquisitivas", não porque isto ocorra de fato, mas porque é necessário começar por tratar da principal influência como se fosse a única e fazer, posteriormente, as devidas correções. "Ele desejou fazer abstração do intelecto como se este fosse o elemento determinante e dinâmico da progressão, eliminando o conjunto mais subordinado de condições e tratando o mais ativo como se fosse uma variável inteiramente independente." Este mesmo amigo do sr. Buckle afirma que quando este usou expressões que pareciam exagerar a influência das causas gerais às custas das especiais e, particularmente, às custas da influência das mentes individuais, sua intenção real não era mais do que afirmar enfaticamente que os grandes homens não podem efetuar mudanças importantes nos acontecimentos humanos a menos que a mente geral esteja, em uma medida considerável, preparada para elas pelas circunstâncias gerais da época, uma verdade que, obviamente, ninguém pensaria em negar. Certamente, há passagens nos escritos do sr. Buckle que falam, em termos tão fortes como seriam de se desejar, da influência exercida pelos grandes intelectos individuais. (N.A.) George Capel, carta a Mill, 3 de novembro de 1866, British Library of Political and Economic Science (London School of Economics), Mill-Taylor Collection, v I, item 98. (N.E.)

não se segue que as vontades, mesmo as dos indivíduos particulares, não tenham grande eficácia enquanto causas. Se alguém, em uma tempestade no mar, concluir que é inútil tentar salvar a própria vida porque a cada ano perece por naufrágio praticamente o mesmo número de pessoas, nós o chamaríamos de Fatalista, lembrando-o de que os esforços dos náufragos para salvar suas vidas está tão longe de ser insignificante que a soma média daqueles esforços é uma das causas de que depende o número anual de mortes por naufrágio. Por mais universais que possam ser as leis do desenvolvimento social, não podem ser mais universais ou mais rigorosas do que as leis dos fatores físicos da natureza, leis estas que, entretanto, a vontade humana pode converter em instrumentos para seus desígnios. A amplitude desta conversão é a principal diferença entre os selvagens e os povos mais civilizados. Os fatos sociais e humanos, em virtude de sua natureza mais complicada, são mais modificáveis do que os fatos mecânicos e químicos. Portanto, a ação humana tem um poder ainda maior sobre eles. Correspondentemente, aqueles que sustentam que a evolução da sociedade depende exclusivamente, ou quase exclusivamente, de causas gerais incluem sempre entre estas o conhecimento coletivo e o desenvolvimento intelectual da raça. Mas, se da raça, por que não também de algum poderoso monarca ou pensador ou de uma parte predominante da sociedade política, agindo por meio de seu governo? Apesar das variedades de caráter entre indivíduos ordinários se neutralizarem reciprocamente quando tomadas em larga escala, indivíduos excepcionais em posições importantes não se neutralizam; não houve outro Temístocles, Lutero ou Júlio César com poderes iguais e disposições contrárias que contra-balançaram exatamente os Temístocles, Lutero e César conhecidos, impedindo-os de ter qualquer efeito permanente. Além disso, ao que parece, as vontades das pessoas excepcionais ou as opiniões e desígnios dos indivíduos que, em um período particular, compõem um governo, podem ser elos indispensáveis na cadeia de causação pela qual até mesmo as causas gerais produzem seus efeitos. Acredito que esta é a única forma sustentável da teoria.

    Lord Macaulay, em uma célebre passagem de um de seus primeiros ensaios (ensaio que, devo dizer, ele mesmo não escolheu para reedição), deu expressão à doutrina da completa ineficácia dos grandes homens de uma forma mais absoluta, eu acredito, do que aquela dada por qualquer outro escritor de mesmo talento. Ele os compara a pessoas que estão apenas situadas nos lugares mais elevados e que, assim, recebem os raios solares um pouco antes do resto da raça humana. "O sol ilumina as colinas quando ainda está abaixo do horizonte e a verdade é descoberta pelas mentes superiores um pouco antes de se tornar manifesta à multidão. Esta é a medida de sua superioridade. Elas são as primeiras a perceber e refletir uma luz que, sem sua ajuda, deve logo se tornar visível àqueles que estão colocados abaixo delas."[4] Se esta metáfora for levada adiante, segue-se que, caso não tivesse existido nenhum Newton, o mundo não apenas teria tido o sistema newtoniano, mas o teria tido de modo igualmente rápido, assim como o sol teria surgido tão prontamente aos espectadores na planície se não houvesse nenhuma montanha diante deles para receber mais cedo os primeiros raios solares. Assim seria se a verdade, como o sol, surgisse por um movimento próprio, sem esforço humano; de outra forma, não. Acredito que se Newton não tivesse vivido, o mundo teria que esperar pela filosofia newtoniana até que houvesse um outro Newton ou seu equivalente. Nenhum homem ordinário e nenhuma sucessão de homens ordinários poderia tê-la alcançado. Não vou ao ponto de dizer que aquilo que Newton fez em uma única vida não poderia ter sido feito em passos sucessivos por aqueles que o seguiram, cada um destes sendo, separadamente, inferior em gênio. Mas até mesmo o menor destes passos exigiria um homem de grande superioridade intelectual. Homens eminentes não apenas vêm a luz que chega do topo da colina, eles escalam a colina para evocá-la e, se ninguém tivesse subido até lá, a luz, em muitos casos, jamais teria surgido sobre a planície. A filosofia e a religião são abundantemente sensíveis a causas gerais e, entretanto, poucos duvidarão que se não tivesse existido um Sócrates, um Platão e um Aristóteles, não teria havido nenhuma filosofia pelos dois mil anos seguintes e, segundo toda probabilidade, nem mesmo após; e poucos duvidarão que se

---

[4] Essay on Dryden, in *Miscellaneous Writings*, v. I, 186, London, Longman, 1860. (N.A.)

não tivesse existido nenhum Cristo e nenhum São Paulo não teria havido o cristianismo.

É sobretudo na determinação da rapidez do movimento que a influência dos indivíduos notáveis é decisiva. Na maior parte dos estados de sociedade é a existência de grandes homens que decide até mesmo se haverá algum progresso. É concebível que a Grécia ou a Europa cristã tenham podido progredir, em certos períodos de sua história, unicamente por meio de causas gerais, mas, se não tivesse existido um Maomé, teria a Arábia produzido Avicena, Averroes ou os Califas de Bagdá e de Córdova? Entretanto, a determinação do modo e da ordem em que o progresso da humanidade ocorrerá, se é que ocorrerá, depende muito menos do caráter dos indivíduos. Há, a este respeito, um tipo de necessidade estabelecida pelas leis gerais da natureza humana, pela constituição da mente humana. Certas verdades não podem ser descobertas ou certas invenções feitas, a menos que certas outras tenham sido feitas primeiro; certos aperfeiçoamentos sociais, por sua própria natureza, podem apenas seguir, e não preceder outros. Pode-se portanto, em certa medida, atribuir à ordem do progresso humano leis definidas, embora não possa ser feita, a respeito da rapidez ou até mesmo da ocorrência deste progresso, nenhuma generalização que se estenda à espécie humana em geral, a não ser algumas generalizações aproximadas muito precárias, limitadas à pequena fração da humanidade que, no período histórico, apresentou algo como um progresso sucessivo, generalizações estas deduzidas a partir de sua posição especial ou obtidas a partir de sua história particular. Mesmo considerando o *modo* do progresso, a ordem de sucessão dos estados sociais, há necessidade de grande flexibilidade em nossas generalizações. Os limites de variação no desenvolvimento possível da vida social, assim como da vida animal, são um objeto sobre o qual ainda se conhece pouco e constituem um dos grandes problemas na Ciência Social. De qualquer forma, é um fato que partes diferentes da humanidade, sob a influência de circunstâncias diversas, têm se desenvolvido de um modo mais ou menos diferente e em diferentes formas. Dentre as circunstâncias determinantes, o caráter individual dos grandes pensadores especulativos ou dos organizadores práticos pode bem ter sido uma. Quem pode dizer quão profundamente toda a história subsequente da China pode ter sido influenciada pela individualidade de Confúcio e a de Esparta (e, portanto, da Grécia e do mundo) pela de Licurgo?

Quanto à natureza e à extensão daquilo que um grande homem pode fazer pela humanidade sob circunstâncias favoráveis, bem como daquilo que um governo pode fazer por uma nação, são possíveis muitas opiniões diferentes e cada nuança de opinião sobre estes pontos é consistente com o pleno reconhecimento de que há leis invariáveis dos fenômenos históricos. É claro que o grau de influência que deve ser atribuído a estes agentes mais especiais faz uma grande diferença na precisão que pode ser dada às leis gerais e na confiança com que as predições podem ser nelas baseadas. Tudo aquilo que depende das peculiaridades dos indivíduos combinadas com as posições acidentais em que estes se encontram escapa necessariamente a toda previsão. Sem dúvida, estas combinações casuais podem ser eliminadas, como quaisquer outras, tomando-se um período suficientemente longo: as peculiaridades de um grande caráter histórico podem, por vezes, fazer sentir sua influência na história durante milhares de anos, mas é altamente provável que ao fim de cinquenta milhões elas não façam nenhuma diferença. Como, entretanto, não podemos obter uma média da vasta extensão de tempo necessária para esgotar todas as combinações possíveis de grandes homens e de circunstâncias, tudo aquilo que, na lei de evolução dos acontecimentos humanos, depende desta média, nos é e nos permanecerá inacessível. Além disso, dentro dos próximos mil anos, que nos são de importância muito mais considerável do que os cinquenta milhões restantes, as combinações favoráveis e desfavoráveis que ocorrerão serão, para nós, puramente acidentais. Não podemos prever o advento dos grandes homens. Aqueles que introduzem no mundo novos pensamentos especulativos ou grandes concepções práticas não podem ter sua época fixada de antemão. O que a ciência pode fazer é isto: investigar, na história passada, as causas gerais que levaram a humanidade àquele estado preliminar que, com o aparecimento do tipo apropriado de grande homem, a tornou acessível à influência deste. Se este estado continuar, a experiência torna toleravelmente certo que, em um período mais ou menos longo, os grandes homens serão produzidos, contanto que as circunstâncias gerais do país e do povo sejam compatíveis com sua existência (o que muitas vezes não é), ponto sobre o qual a ciência pode também, em alguma medida, julgar. É desta maneira que os resultados do progresso, exceto quanto à rapidez de sua produção, podem ser, em certa medida, submetidos à regularidade e à lei. A crença de que possam ser assim submetidos é consistente tanto com a atribuição de muita como com a atribuição de pouca eficácia à influência dos homens excepcionais ou dos atos dos governos. O mesmo pode ser dito de todos os outros acidentes e causas perturbadoras.

§4. *A importância histórica dos homens eminentes e da ação política dos governos esclarecidos.*

Seria, contudo, um grande erro atribuir uma importância apenas insignificante à ação dos indivíduos eminentes ou dos governos. Não é porque eles não podem oferecer aquilo que as circunstâncias gerais e o curso prévio da história não preparou a sociedade para receber que se deve concluir que a influência de ambos é pequena. Nem os pensadores nem os governos efetuaram tudo o que tencionavam, mas, em compensação, produziram frequentemente resultados importantes que não tinham, de nenhuma forma, previsto. Os grandes homens e as grandes ações raramente são estéreis: eles lançam milhares de influências invisíveis, mais efetivas do que as visíveis. E se bem que, a cada dez coisas feitas com um bom propósito por aqueles que estão adiante de sua época, nove não produzem nenhum efeito importante, a décima produz efeitos vinte vezes maior do que qualquer um teria imaginado ou previsto. Mesmo os homens que, pela falta de circunstâncias suficientemente favoráveis, não deixaram nenhuma marca sobre sua própria época, têm sido, muitas vezes, de grande valor para a posteridade. Aparentemente, quem poderia ter vivido mais inteiramente em vão do que alguns dos primeiros heréticos? Eles foram queimados ou massacrados, seus escritos destruídos, sua memória proscrita e seus próprios nomes e existência deixados por sete ou oito séculos na obscuridade dos manuscritos embolorados — sua história só poderia ser inferida, talvez, a partir das sentenças pelas quais foram condenados. Entretanto, a memória destes homens — homens que resistiram a certas pretensões ou a certos dogmas da Igreja numa época em que o fundamento da autoridade desta era, como se alegou posteriormente, o assentimento unânime da cristandade — rompeu a cadeia da tradição, estabeleceu uma série de precedentes para a resistência e inspirou coragem aos reformadores posteriores, fornecendo-lhes as armas que precisaram quando a humanidade estava melhor preparada para seguir seus impulsos. A este exemplo fornecido pelos homens, acrescentemos um outro fornecido pelos governos. O governo comparativamente esclarecido do qual a Espanha se beneficiou durante uma parte considerável do século dezoito não corrigiu os defeitos fundamentais do povo espanhol e, em consequência, ainda que tenha feito, momentaneamente, um grande bem, uma parte tão grande deste bem sucumbiu com o governo, que podemos afirmar, plausivelmente, que este não teve nenhum efeito permanente. Este caso tem sido citado como prova do quão pouco os governos podem fazer em oposição às causas que determinam o caráter geral da nação. Ele mostra, de fato, o quanto eles não podem fazer, mas não que nada possam fazer. Compare o que era a Espanha no início deste meio século de governo liberal com o que ela se tornou ao seu final. Este período introduz a luz do pensamento europeu nas classes mais cultas e esta luz não cessou, desde então, de se propagar. Antes daquele período, a mudança ia na direção inversa: a cultura, as luzes, a atividade intelectual, e até mesmo material, estavam se extinguindo. Não terá sido algo deter este curso retrógrado e convertê-lo num curso progressivo? Quantas coisas que Charles, o Terceiro e Aranda não puderam fazer foram as consequências últimas do que fizeram! Graças àquele meio século a Espanha se livrou da Inquisição e dos monges, ganhou um parlamento, uma imprensa que, salvo em intervalos excepcionais, é livre, sentimentos de liberdade e de cidadania e está adquirindo ferrovias e todos os outros componentes do progresso material e econômico. Na Espanha que precedeu esta era, não havia um único elemento operando que pudesse ter levado a estes resultados se o país tivesse continuado a ser governado pelos últimos príncipes da dinastia austríaca, ou se os Bourbons tivessem sido, desde o início, o que eles posteriormente se tornaram em Espanha e em Nápoles. E se um governo pode fazer muito, mesmo quando parece ter feito pouco, para causar aperfeiçoamentos positivos, ainda maiores serão os resultados que dependem dele quando se trata de evitar os perigos externos e internos que, de outra forma, deteriam completamente o progresso positivo. Um bom ou mau conselheiro em uma única cidade durante uma crise particular afetou todo o destino subsequente do mundo. É tão certo, tanto quanto pode ser certo um juízo contingente a respeito de eventos históricos, que, se não tivesse existido um Temístocles, não teria havido a vitória de Salamina; e, na ausência desta, o que teria sido de toda a nossa civilização? Quão diferente teria sido o resultado se Epaminondas ou Timoleão, ou mesmo Ifícrates, tivessem comandado em Queroneia no lugar de Cares e Lisicles. Como está muito bem dito no segundo dos dois Ensaios sobre o Estudo da História[5] — em minha opinião, um dos mais perfeitos e filosóficos escritos que as controvérsias recentes acerca da questão trouxeram à tona —, a ciência histórica não autoriza previsões absolutas, mas apenas condicionais. As causas gerais contam em muito, mas os indivíduos também "produzem grandes mudanças na história, matizando o aspecto geral desta muito tempo após a sua morte... Ninguém duvida que a república romana teria caído sob o despotismo militar mesmo que Júlio César nunca tivesse vivido" (resultado praticamente certo pelas causas gerais); "mas é absolutamente claro que, neste caso, a Gália teria se tornado uma província do império? Varo não poderia ter perdido suas três legiões nas margens do Ródano? E não poderia este rio, em lugar do Reno, ter se tornado a fronteira? Isto poderia bem ter acontecido se César e Crasso tivessem trocado suas províncias e é claramente impossível dizer que, caso isto tivesse ocorrido, a jurisdição (como dizem os juristas) da civilização europeia não teria sido alterada. Da mesma forma, a conquista normanda foi o ato de um único homem, tanto quanto o é a redação de um artigo de jornal; e conhecendo como conhecemos a história deste homem e de sua família, podemos

[5] No *Cornhill Magazine*, jun./jul. 1861. (N.A.) Stephen, J. F. "The Study of History". *Cornhill*, III (jun. 1861), IV (jul. 1861). (N.E.)

predizer, retrospectivamente e com uma certeza quase infalível, que nenhuma outra pessoa" (nenhum outra naquela época é, presumo, o que se quer dizer) "poderia ter realizado o empreendimento. Se este não tivesse sido realizado, há alguma base para supor que, ou a nossa história, ou o nosso caráter nacional, teriam sido o que eles são?".
Como observa de maneira muito correta o mesmo autor, todo o curso da história da Grécia, tal como a esclareceu o sr. Grote,[6] é uma série de exemplos que mostram a frequência com que os eventos que direcionaram todo o destino subsequente da civilização dependeram do caráter pessoal, bom ou ruim, de um indivíduo. Deve ser dito, entretanto, que a Grécia fornece disto o exemplo mais extremo encontrado na história e que ela é uma espécie muito exagerada da tendência geral. Não aconteceu senão uma vez e provavelmente nunca ocorrerá novamente que o destino da humanidade dependa da manutenção de uma certa ordem de coisas em uma única cidade ou em um país pouco maior do que Yorkshire, capaz de ser arruinado ou salvo por uma centena de causas de pequena magnitude em comparação com as tendências gerais dos acontecimentos humanos. Nem os acidentes ordinários nem o caráter dos indivíduos terão novamente a importância vital que tiveram. Como observa Comte,[7] quanto mais nossa espécie dura e quanto mais civilizada se torna, a influência das gerações passadas sobre a presente e da humanidade *en masse* sobre cada indivíduo se torna predominante sobre outras forças. Ainda que o curso dos acontecimentos nunca cesse de ser suscetível de alteração, tanto por acidentes como pelas qualidades pessoais, a crescente preponderância da ação coletiva da espécie sobre todas as causas menores está constantemente conduzindo a evolução da raça para algo que se desvia cada vez menos de uma via certa e previamente estipulada. A ciência histórica, portanto, está se tornando cada vez mais possível não somente porque é melhor estudada, mas porque, a cada geração, torna-se mais apropriada para estudo.

---

[6] Grote, G. *A History of Greece*, 12 v. Londres: Murray, 1846-1856. (N.E.)
[7] *Cours de Philosophie Positive*, v. IV. (N.E.)

CAPÍTULO XII

DA LÓGICA DA PRÁTICA OU ARTE, COMPREENDENDO A MORALIDADE E A HABILIDADE POLÍTICA

§1. *A Moralidade não é uma ciência, mas uma Arte.*

Nos capítulos precedentes procuramos caracterizar o estado atual daqueles ramos de conhecimento designados de Moral e que são ciências no único sentido apropriado do termo, isto é, investigações sobre o curso da natureza. Entretanto, é usual incluir, sob a expressão Conhecimento Moral e até mesmo, ainda que impropriamente, sob a expressão Ciência Moral, uma investigação cujos resultados não se expressam no modo indicativo, mas no modo imperativo ou em perífrases equivalentes. É o que se chama de conhecimento dos deveres, ética prática ou moralidade.

Ora, o modo imperativo é característico da Arte, enquanto distinta da ciência. Tudo que se exprime em regras ou preceitos, e não em asserções acerca de questões de fato, é Arte. A ética ou moralidade é, propriamente, a parte da Arte que corresponde às ciências da natureza humana e da sociedade.[1]

O método da Ética, portanto, não pode ser outro que o da Arte ou da Prática em geral. Para concluir a tarefa que nos propusemos neste último Livro, resta caracterizar o método geral da Arte, enquanto distinta da Ciência.

---

[1] É quase supérfluo observar que há um outro significado da palavra Arte, do qual podemos dizer que denota a parte ou o aspecto poético das coisas em geral, por oposição ao aspecto científico. No texto, a palavra é empregada em seu sentido primitivo e, espero, ainda não obsoleto. (N.A.)

§2. *A relação entre as regras da Arte e os teoremas da ciência correspondente.*

Em todos os domínios da atividade prática, há casos em que os indivíduos são obrigados a conformar suas práticas com uma regra preestabelecida e outros casos em que é parte de sua tarefa descobrir ou construir as regras pelas quais governarão sua conduta. Um juiz sujeito à autoridade de um determinado código escrito é um exemplo do primeiro caso. O juiz não é solicitado a decidir que procedimento seria, intrinsecamente, mais aconselhável para o caso particular em questão, mas apenas a decidir sob que regra da lei ele cai ou o que a legislatura prescreveu para casos deste tipo e que, portanto, pode-se presumir, tencionou para este caso individual. O método a seguir aqui é, inteira e exclusivamente, de raciocínio ou silogismo e o procedimento é, obviamente, aquele que, em nossa análise do silogismo, mostramos ser o procedimento de todo raciocínio, a saber, a interpretação de uma fórmula.[2]

Para que nossa ilustração do caso oposto possa ser tomada da mesma classe de assuntos, vamos supor, em contraste com a situação do juiz, a do legislador. Assim como o juiz tem leis para sua orientação, o legislador tem regras e máximas de ação política, mas seria um erro manifesto supor que o legislador está obrigado por estas máximas da mesma maneira que o juiz está obrigado pelas leis e que tudo o que ele tem a fazer é aplicá-las por dedução ao caso particular, como o juiz o faz a partir das leis. O legislador está obrigado a levar em consideração as razões ou fundamentos da máxima, o juiz não tem que se ocupar dos da lei, exceto na medida em que a consideração destes fundamentos possa lançar alguma luz sobre a intenção do legislador, quando suas palavras a deixaram incerta. Para o juiz, a regra, uma vez positivamente determinada, é definitiva; mas o legislador ou

---

[2] Para Mill, "toda inferência é de particulares para particulares: proposições gerais são apenas registros de inferências já feitas e fórmulas resumidas para fazermos mais inferências". A operação pela qual passamos da proposição geral para um caso particular, característica do silogismo, não seria de natureza inferencial, mas interpretativa: o processo de inferência estaria terminado quando afirmamos algo do tipo "Todo *A* é *B*", o que restaria a fazer a partir daí seria decifrar as instruções contidas nesta fórmula e que indicam o caminho para novas inferências. Consultar a respeito, *A System of Logic*, Livro II, cap. 3, especialmente §2 e 3. (N.T.)

qualquer outro prático que se orienta por regras mais do que pelas razões das regras, como os antiquados estrategistas alemães que foram vencidos por Napoleão, ou como os médicos que preferiam ver seus pacientes morrer conforme a regra a vê-los se recuperar de modo contrário a esta, são corretamente julgados como meros pedantes e escravos de suas fórmulas.

Ora, as razões de uma máxima de ação política ou de qualquer outra regra de Arte só podem ser os teoremas da ciência correspondente.

As relações que as regras da Arte mantêm com a doutrina da ciência podem ser assim caracterizadas. A Arte se propõe um fim a ser atingido, o define e o entrega à ciência. A ciência o recebe, considerando-o como um fenômeno ou efeito a ser estudado e, tendo investigado suas causas e condições, envia-o à Arte juntamente com um teorema sobre a combinação de circunstâncias pelas quais poderia ser produzido. A Arte então examina estas combinações de circunstâncias e, conforme estejam ou não em poder do homem, declara o fim como alcançável ou não. Portanto, a única premissa que a Arte fornece é a premissa maior original, que afirma que a obtenção de determinado fim é desejável. A ciência então empresta à Arte a proposição (obtida por uma série de deduções ou induções) segundo a qual o desempenho de certas ações atingirão o fim. A partir destas premissas a Arte conclui que o desempenho destas ações é desejável e, notando que são também praticáveis, converte o teorema em uma regra ou preceito.

§3. Qual é a função própria das regras da Arte?

Convém observar que o teorema ou verdade especulativa não está maduro para ser convertido em um preceito até que as operações que pertencem à ciência tenham sido realizadas não apenas em parte, mas em sua totalidade. Suponha que tenhamos completado o procedimento científico até um certo ponto, descoberto que uma causa particular produzirá o efeito desejado, mas que não tenhamos determinado todas as condições negativas necessárias, isto é, todas as circunstâncias que, se presentes, impediriam sua produção. Se, neste estado imperfeito da teoria científica, tentássemos formar uma regra de Arte, realizaríamos a operação prematuramente. Sempre que alguma causa contrária, negligenciada pelo teorema, ocorrer, a regra será defeituosa; estaremos empregando os meios e o fim não se seguirá. Nenhuma argumentação a partir ou a respeito da própria regra nos ajudará na dificuldade; não há nenhum outro recurso senão retornar e concluir o procedimento científico que deveria ter precedido a formação da regra. Devemos retomar a investigação e pesquisar as condições remanescentes das quais o efeito depende. Somente após termos determinado todas estas estaremos preparados para transformar a lei do efeito assim completada em um preceito, no qual aquelas circunstâncias ou combinações de circunstâncias que a ciência apresenta como condições são prescritas como meios.

É verdade que, por uma razão de comodidade, as regras devem ser formadas a partir de algo menos do que esta teoria idealmente perfeita. De início, porque raramente a teoria pode se tornar idealmente perfeita e, em seguida, porque, caso todas as contingências contrárias, frequentes ou raras, forem incluídas, as regras se tornarão muito complicadas para ser compreendidas e retidas pelas capacidades ordinárias nas ocasiões comuns da vida. As regras da Arte não pretendem compreender mais condições do que aquelas que é necessário observar nas ocasiões comuns da vida e são sempre, portanto, imperfeitas. Nas Artes manuais, nas quais as condições exigidas não são muito numerosas e nas quais aquelas condições que as regras não especificam são, geralmente, ou óbvias à observação comum, ou prontamente conhecidas pela prática, as regras podem ser com frequência guias seguros para pessoas que não conhecem nada além das regras. Mas nos assuntos complicados da vida e, ainda mais, naqueles que dizem respeito aos Estados e às sociedades, não podemos confiar nas regras sem nos referirmos constantemente às leis científicas em que estão fundadas. Conhecer quais são as contingências práticas que exigem uma modificação da regra ou que são exceções a ela é conhecer as combinações de circunstâncias que interfeririam ou contrariariam completamente as consequências daquelas leis e isto não pode ser conhecido senão com referência às bases teóricas da regra.

Para um prático sábio, portanto, as regras de conduta serão sempre provisórias. Sendo feitas para os casos mais numerosos ou para aqueles de ocorrência ordinária, elas apontam a maneira pela qual será menos perigoso agir quando não há meios ou tempo para analisar as circunstâncias reais do caso ou quando não podemos confiar em nossa avaliação destas. Mas elas não anulam a adequação de realizar, quando as circunstâncias o permitem, o procedimento científico exigido para formar uma regra a partir dos dados do caso particular que está diante de nós. Ao mesmo tempo, a regra comum pode, muito propriamente, servir para nos advertir que um modo de ação foi reconhecido, por nós e por outros, como muito bem adaptado aos casos de ocorrência mais comum, de modo que, se ele for inadequado para o caso em questão, a razão deve se encontrar, provavelmente, em alguma circunstância excepcional.

§4. *A Arte não pode ser Dedutiva.*

É, portanto, evidente o erro daqueles que queriam deduzir, de supostas práticas universais, a linha de conduta apropriada aos casos particulares, negligenciando a necessidade da constante referência aos princípios da ciência especulativa para que se esteja seguro de atingir até mesmo o fim específico que as regras têm em vista. Maior ainda, então, é o erro que consiste em instituir tais princípios absolutos não apenas como regras universais para atingir um dado fim, mas como regras da conduta em geral. Não somente se desconsidera, assim, a possibilidade de que uma causa modificadora possa impedir a obtenção de determinado fim pelos meios que a regra prescreve, mas, também, a de que o próprio sucesso possa entrar em conflito com um outro fim que pode, possivelmente, ser mais desejável.

Este é o erro habitual de muitos dos especuladores políticos da escola que caracterizei de geométrica, especialmente na França, onde o raciocínio que parte das regras da prática constitui a moeda corrente do jornalismo e da oratória política. Trata-se de uma compreensão equivocada das funções da Dedução que, conforme a avaliação dos outros países, lançou muito descrédito sobre o espírito de generalização tão honravelmente característico da mente francesa. Na França, os lugares comuns da política são máximas práticas vastas e abrangentes que se tomam como premissas últimas para deduzir delas as aplicações particulares; a isto chamam ser lógico e consistente. Por exemplo, eles estão constantemente argumentando que tal e tal medida deve ser adotada porque é uma consequência do princípio no qual está fundada a forma de governo, o princípio de legitimidade ou o princípio de soberania popular. A isto pode-se responder que, se estes realmente forem princípios práticos, devem repousar em bases especulativas. A soberania popular, por exemplo, deve ser o fundamento correto para o governo porque um governo assim constituído tende a produzir certos efeitos benéficos. Entretanto, como nenhum governo produz todos os efeitos benéficos possíveis, mas são todos acompanhados por um número maior ou menor de inconveniências e como estas inconveniências não podem ser usualmente combatidas pelos meios extraídos das próprias causas que as produziram, seria, com frequência, uma recomendação mais forte para um arranjo prático mostrar que ele não resulta daquilo que é chamado o princípio prático do governo do que mostrar que resulta. Sob um governo de legitimidade, a presunção é muito maior em favor de instituições de origem popular e, em uma democracia, em favor de arranjos que tendam a conter o ímpeto da vontade popular. A linha de argumentação que, em França, se toma equivocadamente por filosofia política, tende à conclusão prática de que deveríamos fazer o máximo esforço para agravar, e não para atenuar, as imperfeições características, quaisquer que sejam, do sistema de instituições que preferimos ou sob o qual vivemos.

§5. *Toda Arte consiste em verdades da Ciência arranjadas em uma ordem adequada para um uso prático.*

É então nos teoremas da ciência que devem ser encontrados os fundamentos de toda regra de Arte. Uma Arte ou um corpo de Arte se compõe de regras e de todas as proposições especulativas que justificam estas regras. A Arte completa de uma questão qualquer inclui uma seleção daquela parte da ciência que é necessária para mostrar de que condições dependem os efeitos cuja produção a Arte almeja. A Arte em geral consiste nas verdades da ciência arranjadas na ordem mais conveniente para a prática e não na ordem mais conveniente ao pensamento. A ciência agrupa e arranja suas verdades de modo a nos permitir abranger, em um relance, a maior parte possível da ordem geral do universo. A Arte, ainda que deva assumir as mesmas leis gerais, segue-as apenas naquelas suas consequências detalhadas que levam à formação de regras de conduta, trazendo, das partes do campo da ciência que são as mais remotas entre si, as verdades relacionadas à produção das diferentes e heterogêneas condições necessárias para cada efeito que é requerido pelas exigências da vida prática.[3]

A ciência, portanto, persegue os vários efeitos de uma causa, enquanto a Arte remete um efeito determinado às suas múltiplas e diversificadas causas e condições. Há, assim, a necessidade de um conjunto de verdades científicas intermediárias, derivadas das mais altas generalidades da ciência e destinadas a servir de generalidades ou primeiros princípios para as várias Artes. O sr. Comte caracteriza a operação científica de formular estes princípios intermediários como um daqueles resultados da filosofia que estão reservados para o futuro.[4] O único exemplo completo que ele aponta como já realizado, e que pode ser oferecido como um tipo a ser imitado nas questões mais importantes, é a teoria geral da Arte da Geometria Descritiva, tal como a concebeu o sr. Monge.[5] Não é difícil, entretanto, entender qual deve ser, de maneira geral, a natureza destes princípios intermediários. Após formar a concepção mais compreensiva possível do fim a ser perseguido, isto é, do efeito a ser produzido, e após determinar, da mesma maneira compreensiva, o conjunto de condições de que o efeito depende, resta fazer um levantamento geral dos recursos de que se pode dispor para realizar este conjunto de condições. Quando o resultado deste exame for reunido em proposições tão pouco numerosas e tão extensas quanto possível, estas proposições expressarão a relação geral entre os meios disponíveis e o fim e constituirão a

---

[3] O professor Bain e outros designam a seleção das verdades da ciência, feita para os propósitos de uma arte, de Ciência Prática, limitando o nome de Arte às regras efetivas. (N.A.)
[4] *Cours de Philosophie Positive*, v. I. (N.E.)
[5] Referência a Gaspar Monge, *Application de L'Analyse à la Géométrie*. Paris: Bernard, 1809. (N.E.)

teoria científica geral da Arte, da qual se seguirão, como corolários, seus métodos práticos.

§6. *Da Teleologia ou Doutrina dos Fins.*

Mas apesar dos raciocínios que conectam o fim ou o propósito de cada Arte com seus meios pertencerem ao domínio da ciência, a definição do próprio fim pertence exclusivamente à Arte, formando sua província particular. Toda Arte tem um primeiro princípio ou premissa maior geral que não é emprestada da ciência: aquele princípio que enuncia o objeto almejado e o afirma como desejável. A Arte do construtor assume que é desejável ter edifícios, a arquitetura, enquanto uma das belas Artes, assume que é desejável tê-los belos e imponentes. A Arte higiênica e a Arte médica assumem, a primeira, que a preservação da saúde, a segunda, que a cura da doença, são fins convenientes e desejáveis. Estas não são proposições da ciência. Proposições da ciência afirmam questões de fato: uma existência, uma coexistência, uma sucessão ou uma semelhança. As proposições referidas não afirmam que algo é, mas ordenam ou recomendam que algo seja. Elas constituem, por si só, uma classe. Uma proposição cujo predicado é expresso pelas palavras *deve* ou *deveria ser* é diferente, em gênero, de uma que é expressa por *é* ou *será*. É verdade que, no sentido mais amplo da palavra, mesmo estas proposições afirmam algo como uma questão de fato. O fato afirmado nelas é que a conduta recomendada excita na mente do falante o sentimento de aprovação. Isto, entretanto, não vai ao fundo da questão, pois a aprovação do falante não é uma razão suficiente pela qual outras pessoas devam aprovar e nem deveria ser, para o próprio falante, uma razão conclusiva. Para as finalidades da prática, exige-se, de cada um, que justifique sua aprovação e, para isso, há a necessidade de premissas gerais que determinem quais são os objetos próprios de aprovação e qual a ordem de precedência entre eles.

Estas premissas gerais, juntamente com as principais conclusões que delas podem ser deduzidas, formam (ou melhor, podem formar) um corpo de doutrina que é, propriamente, a Arte da Vida em seus três departamentos: Moralidade, Prudência ou Habilidade Política, e Estética; o Certo, o Conveniente e o Belo ou Nobre nas obras e nas condutas humanas. Todas as outras Artes estão subordinadas a esta Arte (que, infelizmente, está, na maior parte, por ser criada) pois são os princípios desta que determinam se o objetivo específico de qualquer Arte particular é digno e desejável, bem como qual o seu lugar na escala das coisas desejáveis. Toda Arte é, assim, um resultado conjunto das leis da natureza descobertas pela ciência e dos princípios gerais do que se pode chamar de Teleologia ou Doutrina dos Fins[6] e que poderíamos também designar, sem impropriedade e emprestando a linguagem dos metafísicos alemães, de princípios da Razão Prática.

Um observador ou um teórico científico não é, enquanto tal, um conselheiro para a prática. Seu dever é apenas o de mostrar que certas consequências se seguem de certas causas e que, para obter certos fins, certos meios são os mais efetivos. Quanto à questão de saber se os próprios fins devem ser perseguidos e, supondo que devam ser, em que casos e em que medida, não lhe cabe, enquanto homem que cultiva a ciência, decidir e a ciência, isoladamente, nunca irá qualificá-lo para a decisão. Na ciência puramente física não somos tanto tentados a assumir esta tarefa ulterior, mas aqueles que tratam da sociedade e da natureza humana invariavelmente a reivindicam. Eles sempre se incumbem de dizer, não meramente o que é, mas o que deve ser. Para autorizá-los a isto, é indispensável uma doutrina completa de Teleologia. Uma teoria científica de um objeto de estudo considerado apenas enquanto parte da ordem da natureza, não pode, de nenhuma maneira e por mais perfeita que seja, substituí-la. A este respeito, as várias Artes subordinadas fornecem uma analogia enganosa. Nestas, dificilmente há uma necessidade evidente de justificar o fim, pois, em geral, ninguém nega que ele é desejável e é apenas quando se deve decidir a respeito da precedência entre um fim e outro que os princípios gerais da Teleologia precisam ser invocados. Mas um escritor que trata de Moral e Política necessita, a cada passo, destes princípios. A mais elaborada e condensada exposição das leis de

---

[6] A palavra Teleologia também é empregada por alguns escritores, mas de maneira imprópria e inconveniente, para designar a tentativa de explicar os fenômenos do universo a partir de causas finais. (N.A.)

sucessão e coexistência entre os fenômenos mentais ou sociais e de suas relações mútuas de causa e efeito não será de nenhuma utilidade para a Arte da Vida ou da Sociedade, se os fins que esta Arte deve atingir forem deixados às vagas sugestões do *intellectus sibi permissus* ou forem tomados por certos sem análise ou discussão.[7]

§7. *Da necessidade de um critério último ou primeiro princípio da Teleologia.*

Há, então, uma *Philosophia Prima* própria à Arte, assim como há uma que pertence à Ciência. Há não apenas primeiros princípios do Conhecimento, mas primeiros princípios da Conduta. Deve haver algum critério pelo qual se possa determinar o caráter bom ou ruim, absoluto e comparativo, dos fins ou objetos do desejo. Qualquer que seja este critério, não pode haver senão um único, pois, se houvesse vários princípios de conduta, a mesma conduta poderia ser aprovada por um destes princípios e condenada por outro e, assim, seria necessário algum princípio mais geral como árbitro entre eles.

[7] *Variante* (parágrafo): Este é, em minha concepção, o erro lógico fundamental do sr. Comte. Sua teoria da história natural da sociedade é muito superior a qualquer uma que a precedeu, explicando e conectando, de uma maneira muito instrutiva, os principais fatos da história universal. Mas ele parece considerar que uma teoria da história natural da sociedade compreende a totalidade da filosofia social, tanto prática como teórica, e que qualquer tentativa de uma definição exata ou de uma avaliação filosófica dos Fins é uma sutileza desnecessária ou prejudicial. A este respeito, as várias artes subordinadas fornecem uma analogia enganosa. Nestas, dificilmente há uma necessidade clara de justificar o fim, visto que, em geral, seu caráter desejável não é negado por ninguém, e é apenas quando a questão da precedência entre um fim e outro deve ser decidida que os princípios gerais da Teleologia precisam ser invocados. Mas um escritor que trata de Moral e Política necessita, a cada passo, destes princípios. O sr. Comte, entretanto, não formula nenhuma doutrina geral da Teleologia, procedendo, aparentemente, na convicção de que, se ele pode produzir uma teoria da sociedade tal como esta é e tal como ela tende a se tornar, não há nada mais a ser feito. Mas em vez de se restringir a estabelecer teoremas concernentes aos efeitos das causas ele oferece, generosamente, decisões a respeito do certo e do errado, cada uma das quais, envolve, necessariamente, algum princípio teleológico. Não tendo assumido nenhum critério teleológico geral pelo qual se pode testar todos os fins subordinados, as noções teleológicas particulares às quais ele apela em cada caso são, como as do homem comum, um composto variado de antigas tradições morais e sociais com as sugestões de suas próprias idiossincrasias de sentimento. A consequência parece-me ser a de que nenhum escritor, que contribuiu tanto para a teoria da sociedade, jamais foi menos digno de atenção quando assumiu o encargo de fazer recomendações para a orientação prática da sociedade.

Dessa forma, a maior parte dos escritores de filosofia moral têm sentido a necessidade não apenas de remeter a princípios todas as regras de conduta e todos os julgamentos de aprovação e de repreensão, mas de remetê-los a um único princípio, uma única regra ou critério com a qual todas as regras de conduta deveriam ser consistentes e a partir da qual elas poderiam ser deduzidas como consequências últimas. Aqueles que se eximem de supor um semelhante critério universal estão autorizados a proceder desta forma apenas porque supõem que um sentido moral ou instinto, inerente à nossa constituição, nos informa quais são os princípios de conduta que somos obrigados a observar e em que ordem estão subordinados entre si.

A teoria dos fundamentos da moralidade é uma questão que, em uma obra como esta, seria inoportuno discutir longamente e cujo tratamento incidental não teria qualquer utilidade. Portanto, contento-me em dizer que a doutrina dos princípios morais intuitivos, mesmo que fosse verdadeira, supriria apenas aquela parte do campo da conduta que é propriamente chamado de moral. Para o restante da prática da vida, deve-se procurar ainda um princípio geral ou critério e, se este princípio for corretamente escolhido, descobriremos, eu entendo, que ele serve tão bem de princípio último para a Moralidade como para a Prudência, a Habilidade Política ou o Gosto.

Sem tentar justificar aqui a minha opinião ou mesmo definir o tipo de justificação que ela admite, declaro simplesmente minha convicção de que o princípio geral ao qual todas as regras da prática deveriam se conformar, bem como o teste pelo qual elas deveriam ser postas à prova, é o da contribuição à felicidade do gênero humano, ou melhor, de todos os seres sensíveis: em outras palavras, a promoção da felicidade é o princípio último da Teleologia.[8]

Não pretendo afirmar que a promoção da felicidade deva ser, ela mesma, o fim de todas as ações ou mesmo de todas as regras de ação. Ela é a justificação e deveria ser o controle de todos os fins, mas não é, ela mesma, o único fim. Há muitas ações virtuosas e, até mesmo, modos virtuosos de ação (ainda que estes casos sejam, eu creio, menos frequentes do que normalmente se supõe) pelos

---

[8] Para uma discussão explícita e defesa deste princípio, consulte o pequeno volume intitulado *Utilitarianism*. (N.A.)

quais a felicidade, no caso particular, é sacrificada, produzindo-se então mais dor do que prazer. Mas os casos em que isto pode ser afirmado de modo legítimo admitem justificação apenas porque se pode mostrar que, no conjunto, existirá mais felicidade no mundo se forem cultivados sentimentos que façam com que as pessoas, em certos casos, negligenciem a felicidade. Admito, plenamente, que isto é verdadeiro: o cultivo de uma nobreza ideal de vontade e conduta deveria ser um fim para os seres humanos individuais, um fim ao qual deveria ceder, em caso de conflito, a busca de sua própria felicidade ou da de outros (exceto na medida em que estiver incluída naquele ideal). Mas sustento que a própria questão de saber o que constitui esta elevação do caráter deva ser decidida com referência à felicidade como critério. O próprio caráter deveria ser, para o indivíduo, um fim supremo simplesmente porque a existência, em um grande número de pessoas, desta nobreza ideal de caráter ou de algo aproximado, contribuiria, mais do que qualquer outra coisa, para tornar feliz a vida humana, tanto no sentido comparativamente humilde de prazer e ausência de dor, como no sentido mais elevado de tornar a vida, não aquilo que ela agora é quase universalmente, algo pueril e insignificante, mas tal como podem desejá-la os seres humanos com faculdades altamente desenvolvidas.

§8. *Conclusão.*

Com tais observações, encerramos esta visão sumária da aplicação da lógica geral da investigação científica aos ramos moral e social da ciência. Não obstante a extrema generalidade dos princípios de método que formulei (uma generalidade que, acredito, não seja, neste caso, sinônimo de vago), concedo-me a esperança de que estas observações possam ser úteis àqueles a quem incumbirá a tarefa de conduzir a mais importante de todas as ciências a um estado mais satisfatório, tanto pela remoção das concepções errôneas como pela elucidação das concepções verdadeiras acerca dos meios pelos quais, em objetos de um grau tão alto de complicação, a verdade pode ser atingida. Se esta esperança for realizada, aquilo que está provavelmente destinado a ser a grande obra intelectual das próximas duas ou três gerações de pensadores europeus terá sido, em alguma medida, favorecido.

CRONOLOGIA

1806 — Nasce John Stuart Mill, em Londres, a 20 de maio, filho do filósofo e historiador James Mill (1773-1836). Educado em casa pelo próprio pai, Stuart Mill começa a aprender grego e aritmética aos três anos de idade. Aos 7 anos já estava familiarizado com os seis primeiros diálogos platônicos e aos 11 auxilia na correção das provas da obra de seu pai, *História da Índia*. Passa então a estudar Lógica e Economia Política. A influência do economista David Ricardo (1772-1823) e do filósofo utilitarista Jeremy Bentham (1748-1832) foi também decisiva na formação de Stuart Mill.

1817 — David Ricardo publica *Princípios de economia política e tributação*.

1820 — Thomas R. Malthus (1766-1834) publica *Princípios de economia política considerados em vista de sua aplicação prática*.

1822 — Stuart Mill funda com amigos a "Sociedade Utilitarista", formada por discípulos de James Mill e de Jeremy Bentham.

1823 — Stuart Mill começa a trabalhar na Companhia das Índias. J. Bentham funda a *Westminster Review*, que S. Mill dirigirá mais tarde, para divulgar as visões do grupo intelectual e político conhecido como "Filósofos Radicais".

1825 — Stuart Mill funda a "Debating Society", para confronto de ideias. Presença de seguidores do socialista inglês Robert Owen (1771-1858) e do filósofo e poeta Samuel T. Coleridge (1772-1834), contrários às ideias de James Mill e Bentham. S. Mill prepara a edição de uma vasta obra jurídica de Bentham em 5 volumes (*Rationale of Judicial Evidence*).

1826 — Stuart Mill passa por uma crise depressiva, devida em parte ao tipo de educação a que foi submetido. É o momento em que procura distanciar-se das ideias de seu pai e de Bentham lendo a poesia de William Wordsworth (1770-1850), as obras de S. T. Coleridge, do ensaísta escocês Thomas Carlyle (1795-1881), do socialista francês Claude Henri Saint-Simon (1760-1825), do filósofo Auguste Comte (1798-1857) e do historiador e teórico político Alexis de Tocqueville (1805-1859).

1830 — Stuart Mill conhece Harriot Taylor, mulher a quem dedicará verdadeira adoração. O *affair*, entretanto, enfrentou as complicações advindas do fato de H. Taylor ser casada. Desenvolve-se então uma longa amizade que só culminará no casamento dois anos após a morte do marido de H. Taylor. Esta teria exercido influência no pensamento de S. Mill, aproximando-o do socialismo e do feminismo.

1831 — Publicado o primeiro volume do *Curso de filosofia positiva*, de A. Comte.

1832 — Morre Bentham.

1837 — William Whewell (1794-1866), cientista e historiador da ciência, publica sua *História das ciências indutivas*, obra da qual S. Mill tomará vários dos exemplos de investigação científica que ilustrarão seu *Sistema de lógica*. Mas S. Mill criticará o enfoque intuicionista dado por W. Whewell à ciência e à moral.

1836 — Morre James Mill.

1838 — Stuart Mill publica "Bentham", artigo crítico em que ajusta contas com as visões de Bentham a respeito da moral e dos motivos da ação humana.

1840 — W. Whewell publica sua *Filosofia das ciências indutivas*.

1843 — Stuart Mill publica o *Sistema de lógica*.

1848 — Stuart Mill publica os *Princípios de economia política*.

1851 — Casamento com H. Taylor.

1858 — Morte de H. Taylor. Stuart Mill aposenta-se da Companhia das Índias.

1859 — Stuart Mill publica *Sobre a liberdade*.

1861 — Stuart Mill publica *Utilitarismo* e *Considerações sobre o governo representativo*.

1865 — Publica *Um exame da filosofia de sir William Hamilton*. Eleito para a Câmara dos Comuns como candidato radical pela circunscrição de Westminster. Defende a ampliação dos direitos eleitorais, representação proporcional, reforma agrária na Irlanda e direito de sufrágio às mulheres.

1868 — Candidata-se novamente à Câmara dos Comuns mas não é reeleito.

1869 — Redige notas para a nova edição da *Análise dos fenômenos da mente humana*, livro escrito por seu pai em 1829. Publica *Augusto Comte e o positivismo* e *A sujeição das mulheres*.

1873 - Stuart Mill morre em Avignon, França, em 8 de maio. Publicada sua *Autobiografia*.

1874 — Publicado *Três ensaios sobre a religião*.

CADASTRO
ILUMI//URAS

Para receber informações sobre nossos lançamentos e promoções, envie e-mail para:

cadastro@iluminuras.com.br

A *Iluminuras* dedica suas publicações à memória de sua sócia Beatriz Costa [1957-2020] e a de seu pai Alcides Jorge Costa [1925-2016].